멀리
도망칠수록
서로를
닮아가는

멀리
도망칠수록
서로를
닮아가는

강순
김석영
김선향
김신영
김이듬
박한
송종관
윤병무
이근일
이윤정
이정원
장무령
장순금
장인수
전수오
정수자
정지윤
정현우
조원효
한정연

청색종이

차례

—

멀리
도망칠수록
서로를
닮아가는

강순 • 09
의자는 귀가 열 개 | 고독의 모양 | 수면의 절차
Maze runner: Love | 운명의 변증법적 해석

김석영 • 19
밤이 우리를 밟고 지나가도록 | 우산을 펼치려다 말고 | 결점과
긴 | 짧은 여름

김선향 • 31
폐업신고 하던 날 | 가을날 | 나는 다 봤습니다 | 계수나무 남자 | 구멍들

김신영 • 47
신념에 부는 연풍 | 매운 시간을 흘리고 | 백골이 진토 되어
그, 마음의 골목 | 바람 없는 골목

김이듬 • 61
시월에서 구월까지 | 그들이 그녀에게 말하는 것
내 방은 북쪽 숲가에 있고 매일 비처럼 소독약이 내려요
간헐적인 여름의 노래 | 환희의 노래

박한 • 81
깡통은 자동차가 되는 꿈을 꾸지 │ 비가 넘어지며 온다 │ 폭죽
빨래를 너는 행성 │ 뒷담화의 기한

송종관 • 93
유월의 애니메이션 │ 부재중, 입니다 │ 구름 제사
해바라기 부부 │ 비에게 듣다

윤병무 • 105
똬리 │ 밤의 길이 │ 송년 세면 │ 실상사 철조여래 │ 바람과 잉걸

이근일 • 117
섬 │ 자수 │ 빈방 │ 저만치 │ 골목 안으로

이윤정 • 127
막판 │ 꽃의 잠복 │ 포물선 │ 엄숙한 견학 │ 물의 껍질

이정원 • 139
와류 │ 오목한 중턱 │ 블랙 아이스 │ 슬픈 모색 │ 꽃 피던 공중전화

장무령 • 153
순례 │ 드라이플라워 │ 나를 만지지 마라 │ 여행을 떠나요 │ 종장

장순금 • 165
숯 │ 옛 사원 │ 비등점 │ 등 │ 말

장인수 • 177
〈질〉을 잘해야 살맛이 나
자신의 발을 사타구니보다 더 정성껏 닦아주리라

흙은 경이로운 과수원이며 강아지젖이다 | 봄바람이 불어서 하늘은 미쳤다
갯벌에는 땅과 하늘의 발자국이 가득하다

전수오 • 185
물의 과녁 | 바리 | 여름 안의 여름 | 무인 식물원 | 유영

정수자 • 199
어느 기웃한 날 | 통로에서 통로 찾기 | 먼지제국과 가면춤을
감자떡을 살까 말까 | 잔을 든 채

정지윤 • 209
가문비나무 숲의 이별은 가볍다 | 카페 사일런스 | 패스워드
경주마 | 진눈깨비

정현우 • 221
소생의 밤 | 노르웨이의 숲 | 귀이개처럼 오는 저녁 | 틈새 | 옷의 나라

조원효 • 233
사과를 한 움큼 쥔 인디언 | 원효대교 | 앙코르 | 일몰의 농담 | 우아한

한정연 • 245
가족의 탄생 | 꿈에 | 바퀴 | 구멍 | 올 오버 페인팅

평론 | 한국시의 새롭고 다양한 가능성 — 이성혁 • 259

강순

의자는 귀가 열 개

고독의 모양

수면의 절차

Maze runner: Love

운명의 변증법적 해석

강순 1998년《현대문학》에 「사춘기」 외 4편의 시로 등단. 시집 『이십대에는 각시붕어가 산다』가 있다.

의자는 귀가 열 개

의자는 귀가 열 개라서

나뭇잎이 허공과 바람난 이야기를 제1 귀로 듣고
둥지를 버릴까 지킬까 고뇌하는 갈매기를 제2 귀로 듣고
종일 슬픔을 퍼 나르는 개미들을 제3 귀로 듣고
빈집을 지키다 목이 마른 채송화를 제4 귀로 듣고
허공을 채우다 빈손으로 돌아오는 제비를 제5 귀로 듣고
바다를 열어 놓고 소식을 닫아 버린 오빠를 제6 귀로 듣고
술에 의지해 울음 한번 터트리는 아버지를 제7 귀로 듣고
밤마다 시커먼 그림자를 가슴에 숨기는 엄마를 제8 귀로 듣고
새끼들 먹이느라 비쩍 마른 어미 개 멍구를 제9 귀로 듣고
부모 가슴에 보름달을 달아주는 여자애를 제10 귀로 듣는다

집 마당에 있던 작은 나무의자
여자애를 도시까지 계속 따라와서
세월 먹는 여자를 다 듣고 있다
온전히 세상 하나를 다 듣고 있다

고독의 모양

고독은 대체로 네모다
표지에 선도 악도 없다
가장 치열한 형태다

책상 앞에 앉아
지친 당신이 종일
별을 센다

땀띠 난 등을 펴며
"이번 여름은 별 백 개를 땄어"
라고 고백할 때

천 개 만 개의 별을 그러모아
성실한 직장인
혹은

저마다의 심장 속에 살아남아
별이 되고 싶은 당신

표지 속에 숨어서
최선을 뒤집어쓰고
세상을 응시하고 있다

당신의 네모는 가끔 울지만
금방 눈물을 닦는다

내년 봄에 태어날 큰 별을 상상하며
책상 앞에서 당신은
네모를 조용히 지키고 있다

수면睡眠의 절차

고단한 짐승을 버릴 때는
경건하게 잊어야 한다
커튼을 치고 빛을 내쫓아
슬픈 어깨를 쓰다듬을 때
독백의 의식을 관장하러 어둠이 온다
쏴아아 파도가 몰려오는 시간
짐승의 거죽이 조금씩 녹아내려
어둠의 근육이 천정까지 부풀어 오른다
속눈썹 속에 출렁이는 저것
성냥을 든 제사장을 숨긴 저것
검푸른 속살 빛내는 저것
희망으로 태어나 후회로 돌아가는 저것
어둠을 출렁이는 바다구나
하루의 이야기가 녹아내린 자리, 꽃이 필까?
고래 대신 산호라도 좋아
데운 우유를 마시고 스탠드를 끄면
허벅지 사이로 헤엄치는 물고기들
제단 위에 올려지는 해초들

그들은 가난한 내가 바칠 수 있는 최선의 제물
제단에 쌓인 하루의 일화들이 불붙는다
비루하고 거대한 오늘이 불타고
화석에 물고기 뼈가 층층이 남는다
당신과 얽힌 짐승이 다 타고 있다

Maze runner: Love

길을 잃은 지점이 동굴 속이다

지나온 길을 다시 돌아가려 발길을 돌렸다

길이 잊히고 엉켜버렸다

하얗고 둥글고 검고 뾰족하고

붉고 부드럽고 푸르고 거친 바닥과 발자국

벽에는 달콤한 시간도 박혀 있다

나무에 리본이라도 걸어둘 걸, 하고 생각하니

나는 여전히 동굴을 벗어나지 못했다

사랑은 그림자가 길다

운명의 변증법적 해석

사실 허공이 무서웠다
허공에 집을 짓는 건
허약한 나를 불러내는 일

문을 짓고 벽을 잃고
벽을 짓고 문을 잃고
단단한 허공에 쌓아 올린 시간

무위와 위대 사이
방황과 안착 사이
질긴 불안을 담보로
차곡차곡 지어 올린 기억

강한 자의 힘으로 금방 허물 수 있는
저렴한 노동의 가치라고
쉽게 말하지 말자

수고했다

점점 야위어가는 다리를 쓰다듬는다

허공에서 허공을 버리는 일
평생을 건 사투死鬪
나는 거미라서

김석영

밤이 우리를 밟고 지나가도록

우산을 펼치려다 말고

결점과

긴

짧은 여름

김석영 2015년 《시와반시》에 「비의 전조」 외 4편의 시로 등단.

밤이 우리를 밟고 지나가도록

계단을 오르면 계단, 계단
머릿속이 울린다

동물원에서 새의 눈을 바라본 적 있는데
공기 속에서 전염될까 두려웠다

비어 있는 허공의 목덜미를 어루만진다

그 사이에 내가 끼어 있다

계단 끝엔 우르르 몰려가는
새의 머리들

새들을 밟으며 걸어갔던 발자국들은
다 사라지고 없는데

어디까지 도착할까 궁금하지 않았다
운동 제1법칙과 동물원 그리고

내가 가장 마주하기 싫은 얼굴은 새를 닮았다

무거워진 나와
지구로 불시착한 것들

계단, 계단

갑자기 거울의 표정이 어두워졌다

우산을 펼치려다 말고

지하에서 올라오자 비가 내린다

아스팔트 위에서 한참이나 서 있었는데
발이 묶이고 공중으로 떠올랐지

지퍼가 고장 난 물주머니처럼

구름이 홀랑 젖는다
젖으면서 웃는다

불현듯 뒤통수가 뜨거워서 오래 주춤거리던 손

뒷문의 빗장을 풀 때마다
몇몇이 떠내려간다

이끼로 뒤덮인 가장자리
비가 자주 내리고

얼굴이 흘러내릴까 봐 손으로 입꼬리를 들어올린다

냄새는 내게 달라붙어 떨어지지 않는다
늘 무거웠던 두 발
땅에 질질 끌리며 불어난 몸집

뒤돌아보면 바닥은 항상 젖어 있었다

퀴퀴한 하수구 냄새와
그 위로 차곡차곡 쌓이는 시멘트

바닥은 반드시 젖어야 했으니까

결점과 缺點果

나는 아주 긴 테이블에서 출발하는
작은 기차를 가지고 있다

화병의 목에 동그라미를 걸었을 때

연착된 기차들을
처음부터 다시 헤아리는 한낮

물이 말라버린 꽃의 뿌리를 기다림이라고 불러도 좋다

여름의 마주 잡은 손안에서
어떤 성장은 멈추었다가 다시 자라난다

한 그루의 나무에서 떨어지는 것들은 모두 길을 잃었는데

늦을수록 무거운 회전임을
기차들은 알고 있다

긴

모든 것이 이불을 들추며 시작된다

사람들은 붉은 색을 보면 울거나 웃는다
나는 꽃밭에 누워 오래도록 일어나지 않았다

응급차에 실려 꽃밭을 떠날 때까지

맨홀 뚜껑에서 하수구 냄새가 올라오고
우리 모두 서로의 친구를 흉내 냈다

손에서 아이스크림이 녹아내리자
사람들이 이상한 눈으로 쳐다봤다

우리는 자꾸만 불길해지고
그것은 나침반처럼
자꾸만 북쪽을 향해 움직였다

넘어지면 왜 무릎부터 꿇게 되는 걸까

무릎은 낯빛을 붉히고

안에 피가 도는 식물이라는 걸 알고 있었다

내가 잠시 나를 벗어났던 흔적일까 봐
자주 흉터를 만지는 버릇으로 서 있다

짧은 여름

비가 갈빗대를 지나 허파에 닿는다
물을 벌컥벌컥 마실 때

가려워서 자꾸 기침이 난다
이렇게 비가 왕창 쏟아지는 날에는

많은 숨을 참고 있을 기도의 자세

다들 지붕 밑에 모인다
나무와 고양이와 새들도
빈집과 짧은 여름과 기나긴 밤들도

우산처럼 지붕도 펴고 닫는다면
언제든지 가방 속에 휴대하고 다닌다면
누구든지 필요할 때 지붕을 꺼내 들 수 있다면

모든 것들이 한 움큼 국자 속에서 찰랑인다

언제까지 비는 하나의 자세로 떨어질 것인가
우산을 펼치려는 마음이

낙하하는 순간

김선향

―

폐업신고 하던 날

가을날

나는 다 봤습니다

계수나무 남자

구멍들

김선향 2005년 《실천문학》으로 등단. 시집 『여자의 정면』이 있다.

폐업신고 하던 날

수원세무서 앞
일찍 떨어진 은행잎들이
갈피를 못 잡고

폐업사유를 묻고
무실적이라 답하고
업무는 싱겁게 끝나고

하루에도 얼마나 많은 가게가
문을 닫고
개업을 하고
다시 망해 나가떨어지는가

나도 예외는 아니다

작정한 것도 아닌데
내 발길은
하노이에서 온 도티화이네 쌀국수집에 닿았다

한중일 안마소로
간판이 바뀌었다

마침 안마를 받고 나오던 늙은 남자의
상기된 눈과 마주쳤다

하노이 포 대신
한중일 안마소는 문전성시를 이루는 걸까

비가 내려 공치는 날이면
진종일 고향의 음식
이를테면 부화 직전의 삶은 달걀을 안주 삼아
향수를 달래던 이주노동자들

그들
토란잎 같은 미소가 생생하다

그때 술 한 잔 받을 것을
그 선의를 왜 마다했을까

폐업신고를 하고
사라진 하노이 포 처마에 서서

발치에 밀려온 은행잎을
오래도록 헤아린다

토란잎 같은 그 미소를 떠올리자
나는 그 큰 잎에 구르는 빗방울이 된다

가을날

태교에 좋다는 릴케를 읽습니다
주여 때가 왔습니다
여름은 참으로 위대했습니다

가을이 오자마자 처녀들은
산부인과 문턱이 닳도록 드나든다지요

바캉스베이비

나라고 뭐가 다르겠어요
정자제공자는 곁에 없습니다

아아 해변의 한여름 밤 격정을
깡그리 지우겠습니다

산부인과 의사들은
엿새째 인공임신중절수술을
거부중입니다

불법사이트에 들어가
임신중단약 미프진을 사 먹고
나는 안도합니다

간만에 밤새 술을 퍼마시고
맘보도 추었답니다

이게 뭐지?

변기를 껴안고 구토를 하고 나자
복숭아가 먹고 싶어졌습니다

쓰디쓴 공포의 밤이 지나가면
태아는 한 뼘씩 자라납니다
가을이잖아요
무럭무럭 잘도 자라는구나 너는
잘 여문 옥수수처럼

감쪽같이 속았다구요!

세상에 백 프로 완벽한 건 없습니다
친절한 의사가 말해주더군요

난 참으로 위대했던 여름을
잘게 자르고 부숩니다 비스킷처럼

가루약처럼 빻아
입에 훌훌 털어 넣고 꿀꺽합니다

우린 가을장마에 쓸려 어디론가 둥둥
멀리멀리 둥둥 떠내려갈 것입니다

태교에 좋다는 릴케를 읽습니다
그리고 잎이 진 가로수길을
불안스레 이리저리 헤맬 것입니다

나는 다 봤습니다

저기 망루에
사, 사람이 있다구요
아이 아빠가 있어요

그는 살기 위해 올라갔습니다

그는 불타는 중인가 봐요
바람까지 가세하는군요

나는 저 불 속으로
뛰어들지 못했습니다

악을 쓰다 그것도 바로
그만두었습니다

촘촘한 어둠 속
저 높은 곳으로부터

흰 무 같은 게
줄줄이 떨어집니다

팔뚝이
뚝
종아리 한 짝도
뚝

머리카락이 타들어 가는지
노린내가 사방에 진동하는군요

사과껍질이 벗겨지듯
피부가
삼겹살처럼 목살이 얇게 저며져

투둑
투두둑

누구라도 좀 도와주세요
아무도 없다구요? 하느님?
네? 네

나는 전부, 다, 봤습니다

저 망루에 올라간
경찰특공대가 무슨 짓을 하는지를

더더 높은 곳에서 내려다봤습니다

2009년 1월 20일 참사의 밤에
용산 4구역 남일당 건물을

계수나무 남자

가쓰라코, 가쓰라코*
나무의 남자가
나를 애타게 불러요

그 남자의 잎에선
향기가 나요

처음 맡아보는 그 향기에
나는 벌써 정신을 잃어요

키는 또 얼마나 큰지요
삼십 미터도 넘는다니까요

홋카이도에서 규슈까지
드넓은 곳마다 나를 기다려요

나는 달려가
그 남자를 껴안고 불타올라요

나는 불이거든요

우리는 재도 남기지 않고
끝까지 완벽하게 타올라

사라져요
이 세상에 없었던 것처럼

그리곤 매번 환생하지요

* 고이케 마사요, 『조금은 덜 외로운』의 주인공.

구멍들

공중화장실에 들어서기 무섭게
두리번거린다

문과 양쪽 칸막이벽과 천장
심지어 바닥까지 살펴야 한다

용의주도하게
탐정처럼

찾 았 다
수 상 한
구 멍 들

청바지 지퍼를 내리기 전에
저 구멍들을 막아야 한다

내 몸을 훔쳐보는 눈동자를
차단해야 한다

오줌보가 터질 것 같아도
이를 악물고 참는다

턱을 괴고 누워
내 몸을 엿보는 자들아

엿 먹어라

핸드백에서 실리콘을 꺼내
구멍을 메우기 시작한다

그리하고도 불안은 지속된다
오 줌 발 은 자 꾸 끊 긴 다

김신영

신념에 부는 연풍

매운 시간을 흘리고

백골이 진토 되어

그, 마음의 골목

바람 없는 골목

김신영 1994년 《동서문학》에 「가벼운 섬·1」 외 4편의 시로 등단. 시집 『화려한 망사버섯의 정원』 『불혹의 묵시록』 『맨발의 99만보』가 있다.

신념에 부는 연풍

— 겨울의 문장

1
첫눈이 발자국 무늬 없이 이불 되는 밤
겨울 숲에서 불어오는 바람 밤이면
휑한 구석으로 더 많이 불어와
눈 이불마저 여지없이 헤쳐 놓는다
내리는 눈을 따라 줄어든 살림을 짚어보는
하염없이 빠르게 읽어가는 이 길

어젯밤에는 오랜 신념에 연풍이 불었고
통나무집에서 남루해지도록 악물고 있다가
신념도 이불이 될 수 있을까 생각에 잠겼다
손이 찬 나를 데리고 칩거 중이던 책을 펼쳐 들어
인생의 아득한 순간을, 찬란했던 순수를 가늠한다
파란이 일던 지점의 빼곡한 행간, 밑줄이 그어져 있다
그 두께만큼 지나온 인생인데 아직도 밑줄에서 머뭇거린다

세상 풍진에 길들어 흔들리다 밟히는 정신
행색이 남루하고 초라하여 엄폐물을 찾는다

다급한 바람의 기억은 오래전부터 꽐라*인 듯
좀처럼 매듭이 지어지지 않고

2
인생은 삼라에 보답하기 위해서 살아가는 것
이만큼 먹여주고 입혀준 천리의 물살에
팽나무 같은 두께를 주며 서둘러 다녀가는 것
모던한 인생이란 모로 누워 바람처럼 속독하는 것
나직하게 읽어 내릴 어깨가 찾아오지 않는 밤
이불 속에도 찬바람이 꼭꼭 들어차 있다

그래, 행복은 왜 그리 느리게 오는지
몇 개의 계곡을 건너 냇물을 따라 오는지
어느 골목에 들러 도란거리는지
외딴 담벼락에서 아이들이 드잡이하며 움켜쥔 무엇처럼
나도 모르게 바람을 흉내내어
한 움큼 세월의 멱살을 잡는다

너무 느리게 오는 행복의 나라로
다시는 오지 않는 사랑에 치우쳐도 보고
해를 받으며 노래하고 길을 따라 걷고
꿀을 따라다니면서 달콤한 생을 읽고

3
밤으로 가는 시간이 길어질 때마다
귀퉁이가 닳아빠진 책에서 여전히
행복 찾기에 골몰한다
그렇게 절판된 책을 열흘씩 끼고 있으면
절망의 페이지가 노래하고 말소된 영혼이 춤춘다

오늘 기울어진 저녁을 먹고
거친 바람을 맞으며 이불을 당겨 덮고
이를 악물고 그렇게 석 달 열흘을 웃을 수 있다

* 술에 만취된 상태를 뜻하는 말

매운 시간을 흘리고

벼랑의 끝에서 쌓아올린 기념비
어떤 상황에도 기품을 잃지 않으리

차갑고 매운 강을 건너고 있다
모래바람에 날아간 해답을 끌어안고
휘몰아치는 비바람을 맞으면서
가난한 목숨의 수모를 견디면서

반짝이는 눈은 히말라야 소금으로 내리고
해지는 길목에서 젊은 책은 달콤한 꿈을 꾸고
높이 올라가 비박지에서 심심하게 한잠을 자고

더 사랑한 사람이 약자가 되듯이
처음부터 약자인 사람, 그는 아울렛에서
바겐세일 중인 붉은 심장을 가득 사 온다
직관적 사용을 강조하던 사물 의식은
강조하고 밑줄 긋던 버릇을 고치지 못하고

오늘은 구멍이 숭숭 난 돌에도 밑줄을 긋고
적힌 것 없는 하얀 비석 앞에서 시간을 흘린다

백골이 진토 되어

눈비가 오는 날에는 기침 소리 폭포수처럼 쏟아지고
피로라는 먼지와 모레를 털면 오랜 믿음이 흐른다
남루를 채색한 오늘은 어디까지 갔다 온 걸까
흐린 하늘을 밟고 온 두 발에 겹겹이 끼인 시간이
깨끗이 씻겨지는 저녁이다
해가 지면 조롱거리가 되어버린
정의가 순한 손발로 마주 앉는다

그래 아직은 우리가 다정한 친구라고 할 수가 있지? 그렇지?
글쎄 이 세상에 진 빚을 다 갚을 수 있다면야
정의는 우리 편이지 우리는 다정한 친구지
백골이 진토 되어도 갚지 못할
억 빚을 지고 있는데 그게 정의가 되겠어?

지금은 우리를 위하여 다정한 저녁이 왔으니
이걸로 파란 많은 오늘을 마감하면 안 되나?
감사에, 거룩한 양식과 붉은 과일을 식탁에 올리고
하얀 이밥에 사랑을 얹어 먹으면 안 되나?

무슨 말씀을, 그 많은 빚을 안고
편하게 식탁에 앉아 이밥을 먹다니 가당찮아

그래도 위로받고 싶으니 사랑을 얹어 한입 가득 주신다면
이 만찬, 밥풀 한 알까지 맛있게 먹을 텐데
고단한 하루, 수고에 수고를 더했으니
어디 그대의 짐을 식탁에 풀어 봐

달세를 물어다가 이 궁전에 모두 다 바쳤고
이자가 나를 물어다가 은행에 제물로 바쳤어
하늘아래 별처럼 빛나는 궁전이잖아
아름답게 흐르는 여울, 찬란한 다리 옆에 보석 궁전
가끔은 강물이 아롱져 노래가 들리는데
이제는 빚이 한가운데에 여울져 흐르네
강가의 나무가 춤을 추면 활자도 춤을 추었는데
이제는 빚이 칼춤을 추느라 나는 뒷전에 있네

그러니까 혼신을 다해

순하고 따뜻한 저녁을, 극진한 만찬을
힘껏 밀어내야 하는 거지

그, 마음의 골목

가도 가도 골목인
어디 막다른 곳이다 싶으면
다시 골목이 나타나는
골목의 끝은 어디일까
이 골목에서 벗어나는 일이
인생의 종점일까
몇 번을 잘못 들어가는 비슷한 골목이
하늘까지 닿아 손을 뻗고 있다
아니, 두 손이 하늘에 닿고 있다
하느님이 꼬옥 잡아주실
거칠고 부끄러운 손을 사람들은
기꺼이 하얗게 밀어 올린다
에메랄드 빛 스카프를 펄럭이고
등산 아닌 등산을 하면서
세월이 넘어가는 끝을
가없이 넘어다본다

좁은 골목길에 대문을 열면

때로 엄마의 눈물이
하늘로 핫라인을 놓고
아이들의 웃음도
하늘로 핫라인을 길게 뻗는다
날마다 해맑은 마음이 하늘로
고속도로를 놓는 동네
저기 낡은 건물과
청량한 영혼

빈 마음이
그,
골목을 지나고 있다

바람 없는 골목

들판을 돌던 바람은 어디로 갔을까
지름길 없는 골목에는 바람이 살지 않는다

바람마저 하느님이 사는 고층아파트로
잔 짐 하나 남김없이 이사 가고
빈 생生들만 골목에 옹기종기 붙어서
뜨거운 먼지에 덮여 여름을 나고 있다

다닥다닥 붙어 있는 벽사이로는
공기를 가르는 바람도 비집고 들어올 수 없지
그리운 골목에 들지 못하고 공중을 배회하지
바람 한 점 없이 여름이 참 더운 골목에서
바람이 바람나서 여기에도 좀 불어 주었으면

손님도 오래 머물지 못하고 서둘러 돌아가는 골목
지금이라도 바람의 영혼을 공중에서 데려와
날아가지 못하게 대못질을 해야겠다
그렇게 한 삼 년이 지나면

골목에서 바람이 살 수 있을까
골목에서도 청량한 여름을 날 수 있을까
고층아파트와 공원의 풀에게 내어준
센 바람을 찾으려고 골목 어귀 평상에 앉는다

바람도 무척 미안한지
겨울이면 좁은 셋방까지 치고 들어와
여름내 흘린 땀을 처연하게 거두어갔다

김이듬

시월에서 구월까지

그들이 그녀에게 말하는 것

내 방은 북쪽 숲가에 있고 매일 비처럼 소독약이 내려요

간헐적인 여름의 노래

환희의 노래

김이듬 2001년 《포에지》에 「가릉빈가」 외 4편의 시로 등단. 시집 『별 모양의 얼룩』 『명랑하라 팜 파탈』 『말할 수 없는 애인』 『히스테리아』 『표류하는 흑발』이 있다.

시월에서 구월까지

#상반기

턱에 보철을 끼운 후의 식사처럼
모자라는 느낌은 뭘까요?

나의 발음과 억양으로는 입술을 닦은 휴지만큼, 은과 놋으로 예물을 드리는 자만큼
누구에게도 드릴 게 없었어요.
누구에게도 할말이 아니었습니다.

오후에 당신은 말했지요,
앉아 있다고 되는 일이 아닙니다.
맞은편은 이상하게 헤어지는 형식의 자리 같아요.
영원히 사람을 기다리는 망명자의 표정을 내가 지녔나요?

나는 과일절임을 준비하겠습니다.
이곳에서 오천 미터 떨어진 곳에는 숲이 있어요. 아무도 파헤쳐서 망가뜨리지 않았다면 과실수가, 고독과 좌절이, 반구

형의 옥탑이 있는 마을이죠.

그래요, 난 이곳을 떠나고 싶습니다. 맞은편 검은 연기와 불길이 솟았던 빵집 건물을 잊겠어요. 작정한다고 잊을 수 있는 건 아니지만 나는 폭발잔해가 가득한 이곳에서 가까스로 사계절을 버텼습니다.

이왕 간다면, 당신이 바라보며 그리는 숲을 보겠어요. 마주 보는 자리에서, 아침부터 저녁까지.

#하반기

점토를 갖고 놀지 않았어요. 물렁물렁한 걸 좋아하지 않거든요. 말을 만들지 않았다니까요, 말을 만들어도 옮기지는 않아요.

어느 순간 시력이 약해졌다 동시에 말이 싫어졌다.

그러나

멍든 말이 해 저무는 창가에서 내게 발을 내밀었다 한 소녀가 양손 가득 물을 가지고 왔다.

복숭아뼈 아래로 내려오는 검은 치마를 입고
글자를 썼지만 일어나면 없었다.

어떻게 고정할까?
멍이 어디서 생겼을까,
어떻게 흔들어야 하나.

내 꿈은 모두 역광이어서 세상의 모든 사물들이 담담하면서도 어둡게 보였다. 사진을 찍어도 일찍 사라져버린 문양들 속에서 나오지 않았다.

그들이 그녀에게 말하는 것

네가 극장으로 나를 초대한 것은 이월의 어느 저녁이었다

검은 문이 있었다
주춤거렸을 것이다
가느다란 섬광이 흘러나오지 않았다면
골목으로 밀려온 혹독하며 지루하기 짝이 없는 바람이 아니었다면

슈테판이라고 자신을 소개한 사람이 내게 어떻게 찾아왔는지 질문했을 때 나는 목소리가 나오지 않았다
그가 나를 분장실로 안내했다 그는 걸쭉하고 달콤한 백포도주를 불투명한 잔에 따랐다

너를 초대한 그녀는 섬뜩한 심장병으로 어젯밤에 여기서 죽음을 향해 미끄러졌지

찬란한 빛을 쌍곡선으로 그리며 갈가마귀가 날아다녔다 나는 이상한 크리스찬 로스의 화장품을 얼굴에 발랐다

내 어깨 위에 앉은 새가 너의 새인지 모른다고 생각했다 나는 객석의 의자를 접고 깜빡거리는 둥근 전구 아래 오래 서 있었다

　아침에 하체가 퉁퉁 부어서 거울을 의심하며 눈을 비볐다 미열 상태로 아무도 떠나지 않는 극장을 지켰다 슈테판과 직접 접촉하지 않았다

　세월이 지나 방문객들에게 짧은 시를 지어 헌정하는 시인이 등장하는 드라마를 쓸 것이다 너를 대신하여 나만 사랑하는 인물은 내가 짓지 않으면 존재하지 않는다 나는 면도나 배설하는 시간조차 아깝다

　저 불쌍한 영혼을 돌보소서 슈테판은 나를 볼 때마다 문 앞에서 말한다 잡동사니를 파헤쳐 연필을 찾았다 굴과 조개가 자라는 회색 벽이 있는 방에서 글을 쓴다

불은 꺼진 적 없고 온통 빛으로 싸인 방이다 시계가 없기 때문에 책상이 배송될 날짜를 알지 못한다 간호사 분장을 한 사람들이 머리 삶은 국을 마시라고 한다

 강제로 감각이 예민해졌다 문을 잠가도 입구가 보였다

내 방은 북쪽 숲가에 있고 매일 비처럼 소독약이 내려요

#1

조금 남은 돈으로 시계를 고쳤다
시계를 고치는 돈이면 하나 살 수 있겠지만
한번 있었던 일이 나의 손목을 누르기도 한다
그가 없어도 삶이 지속된다는 고문처럼
여행자들은 벽에 낙서를 하고 갔다

구청에서 나온 공무원이 물었다
위생교육을 받았나요?
나는 손을 닦았고 그녀는 웃었다
실제로 나는 얼마나 청결한지
내 영혼의 견적은 얼마인지는 따지지 않았다

초록색 키트를 걸치고 나왔다
폭풍 속의 입김
빗속에서 흘리는 눈물
일생의 미약함이 한 번뿐이었다면

올리브 나무에 올리브가 열리지 않았다
그날이 있었다
누구에게나 있을 것 같지만 아무도 없었을 순간
모두 읽은 척하는 두꺼운 책 같은 것

이번이 마지막이거나 처음이거나
이곳이 극지이거나 여름 정원이거나

흰 새똥이 가득해서 새집을 털어내었고
내 마음 처마에는 벌레만 우글거린다

우리는 정원에서 북상하는 태풍을 말했다
지형을 바꿀 만큼 격렬했던가

말이 있다면 네게 줄 텐데
심장이 있다면 네 손을 얹을 텐데
너의 눈동자엔 내가 사랑하는 모든 것이 있었다

우리는 무엇이 되어도 좋았지만
감은 눈 위로 대리석
하향하는 헬리콥터

숲 가까이 묘지가 있었다
무엇을 살리기 위해서는 살기를 느껴야 할까

제초제, 소독약, 살충제가 흩어지는 줄 모르고
입을 벌리는 사람들
날마다 침묵이 있었다

#2

밤에 새를 본다
새가 앉는 가지는 조금 움직인다

밤에 물에 들어간다
책을 가지고

수레에 책을 싣고 빗길을 갔던 날처럼
비닐로 책을 감쌌다
이십 대엔 모든 책에 커버를 씌웠다

책을 팔면서부터 책에 들어가지 않는다
철처럼 단단한 선반에는 앉지 않는다

지워질 운명
천연이라든가 다이얼이라든가
오래 쓰지 않은 비누에는 사라질 골목의 지도가 그려져 있다

속성은 무엇일까
아래는 물
위는 공기

나는 분해될 난해한 책
당장 신이 읽기에도 난처하겠지

간헐적인 여름의 노래

어디까지가 계절입니까
사물의 역사보다 닳고 닳은 마음으로
어디까지가 당신이 애착하는 녹음인가요
매일 저녁 호반에서 개를 산책시키는 사람은 묵묵합니다

묻기 위하여
흐느끼기 위하여
시를 읽는 기나긴 밤이 있을까요

여름나무 곁에는 여름호수가 있고 여름의 사람들이 둥그렇게 모여 앉았습니다
악상이 떠오르지 않아도 저녁은 옵니다

날마다 오는 저녁에
우리 그룹은 세상에서 가장 잘 울지 못하는 배우들
광장보다 숲이 좋아서 열매보다 잎이 좋아서 온 이들도 있어요

어디까지가 시인입니까
에콰도르산 장미정원을 따라 적도의 코끼리가 온다고 말하는 이도 있네요
머리 위로 솟구치는 나뭇잎들이 악기 소리를 낼 때
여름나무 곁의 여름나무처럼 겹겹이 사라집니다

봄에는 늙은 거지가 바람이 허무는 물살 위로 떠올랐지요
노래가 차오르는 가지에서
더 어두워질 때를 기다리는데

모두가 사라져도 시는 올까요
시인이 아닌 이는 아무도 없어요
어쩌자고 나뭇잎들은 푸르러지나요

녹음하거나 기록하지 않아도 우리들은 세상에서 가장 잘 노래하는 새
어디까지나 모자란 울음이라는 평판을 받죠
빈약한 불빛

체리나무가 어디에서 왔는지 몰라요

사방으로 더 어두운 숲을 향해 날아갑니다
낭독회는 누군가가 열겠죠
낮보다 아름다운 밤이라고 말하는 이들을 믿으세요?

아무리 캄캄해도 울면서 노래하죠
이 일이 정말 아무것도 아니라는 걸 알지만
멈추는 날엔 내 심장도 꺼집니다
촛불처럼 이 날개가 다 타고나면
괴팍하고 깡마른 채 푸드덕거리던 희극배우가 있었다고 말하겠죠
가방에서 정어리통조림 국물 냄새가 났습니다
낡고 낡은 손을 씻고 어깨를 만졌어요

그때 나는 뼈가 그다지 하얗지 않았다는 걸 알지 못했고요
여름의 조각들처럼 수습할 수 없었습니다

바닷가에서 세상에서 가장 달콤한 와인을 마셨다고 하셨죠
바닷가에는 커다란 빵 공장이 있었어요
하얀 작업복에 마스크를 한 청년의 얼굴과 그가 밀가루를 만지는 손놀림을 통유리를 통해 구경할 수 있었던 정오에
나는 화상을 입어도 모를 만큼 차갑게 몰두했어요
햇볕에 불타 죽은 사람도 있다고 하셨지요
사랑도 자살처럼 자꾸 시도하게 됩니다

애완견을 버리려고 떠난 바캉스처럼 더 먼 곳으로 갔어야 했을까요
창가에 수영복을 널어두고 작은 화분들을 들여 놓는 저녁에

영원히 돌아오는 사람이 있습니다

사진으로 봤던 사람이 울고 있었지요
나와 만난 적 없이 나를 증오하는 사람은 무슨 감정일까요
기분의 비린내는 눈물에도 씻기지 않았지만
너무 많이 울고 난 후에는 눈에서 피가 나온다는 말을 이

해합니다

  시신을 불태우는 동안 우리는 노란색 식권을 받고 울음을
그쳤습니다

  통유리와 화구 사이에서 흰 마스크를 한 사람이 회색 가루
를 쓸어 담는 것을 물끄러미 바라보았습니다

환희의 노래

아무에게도 헌정하지 않는 노래가 좋았다.
누구를 위해 그리지 않는 그림이 좋았다.
나는 네 사진을 세워두고 미완성의 자전적 장시를 쓰지 않는다.
서로를 돌보지만 바치지는 않는 삶에 관하여 생각한다.

너는 새알을 가지고 왔다.
아무도 가지 않는 음침한 해변에서 주운 거라고 했다.
가슴이 품은 한없는 슬픔처럼 작은 알이었다.

나는 그 알에서 태어날 바다의 언어를 해독하려고 공부를 했다.
실잠자리가 건드린 물결처럼 커다랗게 일렁이는 마음으로

달이 움직이는 동안
둥글고 환하던 빛이 사라지는 동안
우리는 서로를 의심했다
혀끝으로 대보는 봉합한 잇몸처럼

우리 사이에 알이 있었다는 사실조차 잊었다

아무에게도 헌정하지 않는 노래가 좋았다.
서로를 돌보지만 바치지는 않는 삶에 관하여 생각한다.
하지만
실연하지 않았다고 해서 사랑을 잃어버린 게 아니었을까?
툭 치면 빛나는 색유리 조각이 흔들리는 유리구슬처럼
우리가 투명한 심장을 가졌다면
환희의 노래를 지었을까?

알 수 없는 사랑에서 모든 불행이 시작되었다고 해도
유리창 앞에 부딪혀 죽은 새의 얼굴로

박한

―

깡통은 자동차가 되는 꿈을 꾸지

비가 넘어지며 온다

폭죽

빨래를 너는 행성

뒷담화의 기한

박한 2018년 〈동양일보〉 지용신인문학상에 「순한 골목」이 당선되어 등단.

깡통은 자동차가 되는 꿈을 꾸지

잠을 깨우기 위해
장갑을 벗는다

검정 봉투에 깡통을 주워담는 노인은
네온사인처럼 빛나는 이름엔
관심이 없다

잊힌 이름처럼 희미하게
실눈을 뜨는 골목

젊은이들이야 쉽게 구겨지지 않아서
버려진 것들이 궁금하지 않겠지

단단한 손톱으로
캔을 열어젖히는 너희들은
길 구석구석
한 모금도 남기지 말길

자동차 라이트가 비치고
노인이 어느 시절처럼 환해진다
비켜선 깡통들이
달그락거리기 시작한다

비가 넘어지며 온다

유리문을 타고
흐르는 비를 보며
오돌뼈를 씹는다
넘어지는 것은
나만의 시간이 아니었다
무릎이 젖은 채 들어서는 사람들을
전등은 그림자부터 흔든다
술잔을 부딪치며
다시 일어설 수 있다고
생각하는 것은
나의 오랜 식성
커터기에 잘린 손가락에
둔부 살을 떼어 붙이고
나는 검게 그을린 살을 사는 것 같다고 속삭인다
하루의 끝으로
비가 다 눌어붙을 때까지
어떤 비명도 지르지 않는 비와
서서히 아무는 숯

아무 상처도 없는 이 증상을
나는 오돌뼈를 삼키고
일어선다 비보다 먼저
젖어버린 자세와 양말을 신고
나는 이제 피 냄새가 나지 않는다

폭죽

초저녁 별들이 불꽃을 낳는 소리
놀란 바다는
걸음을 뒤로 물린 채
밤이 이렇게 반짝여선 안 된다며
별들을 다그친다
능선이 하나둘 어두워지고
하얀 발들이
파도를 신었다 벗으며
건너오는 바다
오랫동안 잠겨 있던 달이
눈을 뜬다
멀리서 온 나는
난간 옆으로 구두를 벗어
섬처럼 기대선다
새들은 어떻게 번지지 않고 저물까
사그라진 옥상에서 켜진 몸을 쏘아 올린다
이건 불빛을 털어내는 나만의 기술
하늘이 검게 그을린다
손톱 같은 해변이 잘게 부서진다

빨래를 너는 행성

팬티가 마르는 창가
놀이터 안 그늘에서
아이가 입을 벌린다
삼키기만 했으니
블랙홀도 썩겠지
창문 너머 놀이터는
누가 밀어주지 않아도
홀로 우주를 돌고
나는 미끄럼틀처럼
기울어진 지축에
빨래를 넌다
집으로 돌아올 때마다
어김없이 신발 속에
모래가 나오는 것이
나도 누군가 놀다간
행성은 아니었을까
넘어지는 별빛 하나 없이
너와 나의 빗면이

이리 어두워도 되는 걸까
팬티 안에서 팽창하는 아이
오래된 내 블랙홀을 혀로 만져 본다

뒷담화의 기한

내가 병신이지
미친년이지

술병이 잠든 자리에
돌아가 눕는 여자

아침이 되자
내 국그릇을 말없이 채워주고
서른이 넘도록 취직을 하지 못한 나와
이가 나간 채로 식탁에 오르는 그릇을
그녀는 못마땅해 했다

너무 많은 끼니를
달그락거렸기에
삶이 온통 그릇 부딪히는 소리였을
그녀

물기가 마른 그릇처럼

화장을 하고 떠난
가지런히 포개 놓인 집에서
나는 흠집처럼 혼자 서성이다
반찬 뚜껑을 닫아 넣는다

뒷담화에도 기한이 있어
결국 다정해질 얼굴

닫힌 것들은
흐릿해져야 열기 쉬워서
술과 안경의 도수는 함께 높아지는지도
문득 돌아와 안긴 밤에 뚜껑이 열려있다면
나도 그녀와 한 모금 화해하고 싶다

송종관

―

유월의 애니메이션

부재중, 입니다

구름 제사

해바라기 부부

비에게 듣다

송종관 경기도 연천에서 태어났다. 시집 『별에게』가 있다.

유월의 애니메이션

숲이 부푼다
오븐에 빵을 넣은 사람처럼 긴장해서 바라본다
숲 끝에 달린 청솔 다람쥐 긴 꼬리가 붓처럼 휘날린다

언덕이 익는다
이른 아침부터 몰려드는 햇빛 손님을 빛바랜 솔잎이 퉁겨 낸다
분화구보다 깊은 곳에서 시작된 열기가 초여름 숲을 굽는다
뭉근히 부푸는 초록색 빵 덩어리
머리에 초록 물들인 새들이 군침을 흘린다
굴참나무 빵집 현관을 딱따구리가 정중하게 노크한다
풍선보다 커진 지붕을 덮고 허기진 집들이 잠을 깬다

숙성된 숲이 던지는 간식을 받아먹으며 거리는 분주해진다
골목은 현란한 꽃잎 간판들로 빼곡하다
글씨들은 밤이 되어서야 간신히 빌딩 절벽에 자리를 잡는다
잘 곳을 찾지 못한 취객들은 밀가루를 뒤집어쓰고
황색 가로등을 향해 불나방처럼 날아든다

달아오른 밤하늘에 분분히 번지는 밤꽃 향기
은하수 너머 별들이 사라지는 곳까지 욕설이 난무한다
놀이터를 휘감는 넝쿨 채찍에 설익은 이파리가 허공에 뿌려진다
폐지 줍던 노인은 버려진 잎들을 잔뜩 싣고
무너진 빵 언덕을 간신히 오른다

숙취에 혼미한 새들은 헌 비둘기가 되어 광장에 갇힌다
우연한 사랑이 태풍이 되어 몰려온다는 소식은
무화과나무 등걸이 듣는 푸른 환청,
숲 가운데 부는 고소한 바람의 출처를 묻던 달콤한 시절이
굽은 나무에게도 있었다

부재중, 입니다

건물의 안구는 딱딱하고 승강기는 수직 이륙한다
위로 올라갈수록 인화성 안개는 매캐하고
산후조리원 아기들은 오래 저장된 잠을 잔다
저층에 도착한 구름은 밀봉되어 택배로 배달되고
충혈된 달빛은 밤새 환기구로 들락거린다

건물 관리인 양씨는 가장 작은 방에서 산다
문을 열면 복도가 되고 닫으면 사무실이 되는 방
손을 펼치면 부엌이 되고 신을 벗으면 거실이 되는 벽에
잘 기른 화초 같은 전기난로를 꽂는다

건물이 동고동락한 아내 같다는 생각을 했다
처음 시집왔을 때는 곱기도 했지
층마다 윤기가 흐르는 몸가짐이 반듯했고
사람들의 반짝이는 구두에 쉼 없는 인사를 했었다

세월은 상하수도 배관을 따라 흘렀다
가끔은 뇌출혈 같은 누전이 터지기도 해서

껌벅거리는 형광등을 갈 때면 몸피 무거운 여자를
병상에 누이던 하얀 방이 떠올랐다

순하게 자던 아이들이 다 자라서
각자의 창문을 열고 날아간 것은
장성한 자식들을 떠나보낸 보람
기르던 선인장이 새끼를 낳고 죽었을 때처럼
따끔한 통증이 가슴 한 귀퉁이를 찔렀다

마시던 컵에 남은 물을 죽은 화초에게 주고
장난감 열기를 뿜어내는 전기난로의 코드를 뽑고
불 꺼진 복도의 웅얼거림 속에 아내에게 인사를 남기고
야간 순번 양씨는 마지막 퇴근을 했다

구름 제사

뚜껑이 덜 닫힌
열린 틈새로 중요한 열기가 솔솔 빠져나오는
늙음에 이르러서는 열기마저도 희미한
시종일관 낙천에 편중되었던 삶을
아버지는 25일 0시 24분
시곗바늘처럼 멈추었다

여행 날짜에 맞추어 비행기는 이륙했다
구름 아래로 뜯긴 껍질 같은 육지가 보였다
문자를 받고 전화를 걸어 장례를 부탁했다
아하, 이런 걸 산문적인 삶이라고 하나
간단한 기승전결마저 흘려버리고 아버지는
빈한하되 구차하지 않은 삶을
술병처럼 뉘였다

병원 복도에서
우리는 마주 서 있었다
그때는 이미 저승 손님의 부름을 받고

의사가 저고리 윗주머니에 청진기를 넣은 상태였다
흰 벽은 말이 없었고 크림색 햇살이 잿빛 머리칼을
역광으로 비추는 늦은 오후의 커피 한 잔
뜨거운 아메리카노를
제상에 올려야 할까
아버지는 참 맛나게 드셨다

잔소리 따위,
한 잔 술잔에 희석시킬 줄 아시던 양반
그런 아버지를 가진 게 다행스러웠다
과장되지도 모자라지도 않게
있는 자리에서 꼭 필요한 만큼만
남겨 두고 갈 교훈 한마디 없는
담백한 결말.

해바라기 부부

구름이 숨는다
비가 날아오른다
나무가 두리번거린다
새들이 뛰어오른다

허리를 다친 사람이 많다
정형외과에서 순서를 기다린다
흩어진 사계절이 모니터에 모인다
흰 가운의 의사가 관절 밑을 괸다
기우뚱하던 집이 바로 선다
임시방편이다

돌아와서 늦은 점심을 먹는다
한 끼의 식사에 밑줄을 긋는다
중국에서 온 허 씨도 그랬다
공기밥을 나누어 먹는 동안에
아파트 한 채가 다 올라갔다
새벽에 만나면 먼저 인사하는 사람

이 행성에 흔치 않다

안전모 베고 누우면 구름이 허리에 배긴다
돌아누워서 작은 화면에 여자의 웃는 얼굴을 본다
이제 그만 쉬어야 한다 그도 나도
사진 속 여자는 언제까지나 웃고만 있다

노을이 아침밥처럼 설었다
모든 계단은 가파르다
우리도 우리만의 동굴 하나 갖자
여자가 말했다
나는 웃었다

비에게 듣다

비스듬히 앉아 듣습니다
횡으로 가는 비
치통이 도져서 머리를 들 수 없게 된
옆으로 누운 날들 지나가는 비의
가느다란 위로를 듣습니다

차들이 벽으로 지나갑니다
어린 낙서의 중앙선을 따라 출근과 퇴근을 합니다
치통은 오늘 결근을 냈구요
미친 경운기 한 대가 광란의 질주를 하네요
날뛰는 짐칸에는 놀이터를 잔뜩 실었는데요
어디로 가는 아버지신지 아마
반주 꽤나 자신 모양입니다

무거운 이를 들고 거울 앞으로 갑니다
공사장을 통째로 옮기는 것처럼 일이 많군요
우선은 옆으로 내리는 비를 제대로 벽에 걸어야 하구요
어린이 보호구역을 기어오르는 차들을 떼어내야 합니다

미친 경운기 심장을 꺼내 체온을 재봐야 합니다
만취한 아버지는 제발,

누구나 비어 있는 놀이터를 떼어내
혼자 놀던 기억이 있을 겁니다
입안에 맛있는 모래가 가득 차던 옴폭한 시절
비는 거울을 타고 내려와 갈지之자로 헤어집니다
물방울들끼리의 약속은 쉽게 무너져
너덜거리는 자유가 술 취한 경운기를 타고 갑니다
다 젖은 옷을 입은 아버지가
가출한 비의 손목을 잡고 돌아오네요

말 많은 치통만이 구제불능 수다를 떠는
조용한 저녁입니다

윤병무

―

따리

밤의 길이

송년 세면

실상사 철조여래

바람과 잉걸

윤병무 1995년 《동서문학》에 「낙타의 잠」 외 4편의 시로 등단. 시집 『5분의 추억』 『고단』 『당신은 나의 옛날을 살고 나는 당신의 훗날을 살고』가 있다.

똬리

당신이 지운 길이
돌아갈 길마저 지웠다
당신을 찾아 길을 찾아 나섰다
지워진 길에서 몇 마디 말을 주웠다

하루는 주운 말을 골짝에 던졌고
버스를 타고 멀리 나간 날은
폐옥 담장 아래 슬쩍 내려놓았다
돌아서면 일몰이 눈 붉었다

지고 온 어둠을 부려놓았다
방에도 말들이 어질러져 있었다
내뱉기만 한 차마였다
왜곡에서 피어난 곰팡이꽃이었다

장롱 뒤에 검은 꽃을 숨긴 방에는
오래 굶은 뱀이 똬리를 틀고 있었다
밤의 꼬리는 길었다

인기척 없이도 센서 등은 켜졌다

당신의 말들을 방생하고 싶었다
불쑥 떠오른 뱃노래는 반복되었다
노래는 마칠 때마다 출렁였건만
되불러도 똬리는 풀리지 않았다

밤의 길이

배우지 않아도 아는 것이
거저 아는 것은 아니지

겨울 저녁 식은 솥에
조상은 새였던 도육이 있지

식어야 굳는 기름이
다른 이름으로 끓고 있지

말없이 맞이하는 저녁은
할 말을 물은 저녁이지

저녁 한 톨 남기지 않고
삼켜 잠든 아이지

저녁은 아이를 재우고
아이는 저녁을 재우지

저녁이 아이가 아니듯
아이는 저녁이 아니지

배우지 않고 아는 것이
한밤은 건너뛸 수 없지

송년 세면

마지막 송년회를 마치고 귀가했다
사흘 남은 해의 얼굴을 씻는다

세면기의 물이 내려가지 않는다
체면을 닦을수록 체증은 더한다

다난했던 삼백육십이 일이 메어
탁한 민물 같은 근심이 부유한다

탈모된 생각이 얽히고설켜
정체된 구녕 앞에 집결한다

세수洗手가 씻은 얼굴
낯에서 물 묻은 이름이 쏟아진다

이름 고인 물에 얼굴이 뜬다
이름과 얼굴을 떼놓을 명운은 없다

얼굴이 낳은 이름이기에
이름이 외면하는 얼굴이기에

실상사 철조여래

천이백 번째 봄을 바라보는
철불鐵佛을 만났다
간소한 시간이 앉아 있었다

문밖을 서성인 사람은
약사전藥師殿 섬돌에 벗어놓은
눈 붉은 신발을 바라보았겠다

더한 어른 만난 적 없어 배례했다
가만 철눈에 눈을 들켜
괜한 말을 불쑥 꺼냈다

배례할 때마다 새어 나온
속말이 무릎에 밟혔다
안주머니에서 흘린 말을 도로 주웠다

뉘에게도 응답하지 않았을 테니
섭섭진 않았지만 낯은 붉어졌다

숱한 말을 껴입어 철불은 거뗐다

혼자 절하고 절하고 맞절하고
기다리는 신발에 발을 넣었다
서산 그림자가 마중 나와 있었다

바람과 잉걸

바람은 날개의 기억
깃펜으로 쓴 편지
빈집으로 간 새의 행로
성근 둥지를 빗는 빗
마른 가지가 부르는 자장가

밤새 어둠을 통과하네
방언으로 암운을 부르네
달과 별을 삼켜 신열을 앓다가
낙뢰의 손금을 펼치네
각진 운명을 쏟아놓네

근심의 처마를 서성이네
비를 물고 망설이네
짓다 만 기억을 만지작대네
기억의 난간을 걷네
장대비에 난사 당하네

오늘은 삼천 년을 사는 나무를 듣네
말에서 이야기가 태어난 이야기를,
각진 운명이 불사르고 나서야
섭씨 이백 도에서 씨방이 열리는
살아 있는 신화를

이근일

섬

자수

빈방

저만치

골목 안으로

이근일 2006년 《현대문학》으로 등단. 시집 『아무의 그늘』, 그림우화 『안녕, 나는 고래야』 『코끼리 쿤』 등이 있다.

섬

섬에 고립되지 않으려면
물때를 놓치지 말아야 한다

네 마음을 훔치려면
그 순간을 밝은색으로 물들여야 한다

한 사람을 가둔 한 사람이 있었다

같은 자리를 맴돌던 그 집에선
게가 문 거품 같은 것이 흘러나왔다

썩은 몸으로 수백 년 버티던 나무가
끝내 기우는 순간은 언제인가

낮에는 환희가
밤에는 우울이 파도치는 너의 바다

그 어디쯤에서 흔들리는 섬

나는 오늘도 바다에 배를 띄우고
그 섬을 향해 가는 것이다
높고 낮은 파도에 이리저리 휘둘리면서

뱀이 허물을 벗듯
얼굴이 고통에서 벗어나는 순간은 언제인가

빛을 머금은 그 얼굴이
다른 얼굴을 밝게 물들이는 순간은

자수

모든 걸 잊겠노라 외딴섬에 들어간 밤이 있었다. 그런 밤은 어김없이 사나흘 묵힌 밥 내음을 흘렸는데. 아직까지 그날의 기억에만 머물러 산다는 한 사람, 그이가 차린 상에선 어떤 냄새를 건져 올릴 수 있을까. 또 다른 밤엔 괜스레 먹먹해진 가슴에 씹던 밥알을 그대로 뱉어냈던 기억. 한 사람이 한 사람을 등지는 이유는 언제부턴가 내가 생과 거리를 두고 일기를 쓰지 않는 이유와 같을 거라고. 이 생각 저 생각 끊어버리고 한 뭉치 색실을 풀다 풀다 보면 덩달아 풀리던 슬픔. 그 슬픔으로 가는 줄기의 어느 예쁜 야생화를 수놓을 때까지, 그리고 다시 속내를 고스란히 받아 적기까지. 나는 그런 밤들을 견뎠다. 나는 그런 밤들을 죽였다. 얕은 잠에서 깨어 욱신거리는 발목을 가만가만 어루만지듯, 나는 그런 밤들을.

빈방

밥 먹는데 흰 머리카락이 나왔다
어떤 삶의 순간 달라붙는 물음표처럼

탯줄이 잘리는 순간부터 흘러든 고독은
얼마나 발효가 되어야
*숭고한*이라는 형용사를 품는 걸까

이 식당 안에는 작은 방 하나가 있다
늙은 주인이 홀로 기거한다는

누군가는 그런 방에서 숨죽여 지내다
아무도 모르게 빈방이 되기도 한다

라디오에서 흘러나오는
얼마 전 죽은 가수의 노래를 듣다가

빈방과 빈방 사이 모퉁이와 모퉁이 사이
오늘과 어제 사이

환한 다리가 놓였으면,
하고 생각했다 안부가 궁금한 이가 언제든
건널 수 있게

저만치

점점 하얀 벽을 좋아하는 마음과
은연중에 하얀 벽을 물들인 꽃물의
거리는 얼마나 될까
누군가의 입에서 전해지는 빵조각의
바삭거림과 말라가는 곤충의
버석거림의 거리는
가을은 깊어가고
여기저기서 열매들이 떨어진다
툭 소리와 함께, 혹은
툭 소리조차 내지 못하고
아는 얼굴이 어느 순간
모르는 얼굴이 되어 저만치 멀어지듯
그래, 저만치
흔들리고 희미해져 가는 저만치를
저만치에 꼭 붙들어두고 싶은 밤
기생하는 겨우살이와
숙주가 된 느릅나무 사이처럼
좀 더 거리가 좁혀질 때까지

우리는 서로를 미워하고,
또 미워했다.

골목 안으로

 걷고 또 걷다가 낯선 골목에 들어섰다. 골목은 깊이가 있었고, 흩어진 물들이 일제히 모여드는 소리를 거느렸으며, 꽉 차 있지만 비어 있는 듯한 살림의 냄새와 공기와 분위기로 흘러넘쳤다. 나는 계속해서 골목 안으로 걸어 들어갔다. 동시에 내 기억의 골목에 진입한, 잘 기억나지 않는 희미한 얼굴의 널 떠올리면서. 그러다 문득 해안으로부터 끝없이 밀리고 밀리는 썰물의 기분에 휩싸였고, 좀처럼 안에 다다르지 못하고 끝내 나는 골목의 바깥까지 밀려나고 말았다. 그러나 내 기억은 계속되었고, 막 기억의 골목에는 얼굴이 지워진 한 사람이 들어서고 있었다. 그날 내가 기억과 함께 잃어버렸던 검은 안경을 쓴 채로. 그 사람과 너와의 거리가 좁혀질 때까지 골목은 계속되었고, 나는 여전히 안을 갈구하며 계속되는 그 골목의 담 너머를 기웃거렸다.

이윤정

―

막판

꽃의 잠복

포물선

엄숙한 견학

물의 껍질

이윤정 2016년 〈세계일보〉 신춘문예에 당선되어 등단.

막판

마지막까지 몰고 온 시간과 몰린 시간의 양면
우리는 그곳에서 양면의 사투를 벌인다
모든 승패는 허우적거리다
손을 들거나 손을 잃는다

여기에는 두 방향의 길이 있다
내달리거나 아니면 서 있는 판을 깨는 일
그래서 알고 있는 모든 경우의 수를
화끈하게 탕진하는 것

패배 쪽으로 내몰린 눈치를 수집해도
패를 알 수 없는 막판은
이 지구의 인구수를 포함하고 있다

살아 있는 모든 것들은 다 막판이 있다
꽃이 지거나 열매가 떨어질 때
찢긴 상처와 쓰라린 기억을 봉합하는 것은
막판에서 가능한 일

새로운 출발선에 불끈 쥔 두 주먹이 서 있다
모아 쥐기만 했던 각오들이 낭비될 때까지
풀벌레 소리는 짧아지고 나무도 그늘을 내려놓는다
더 이상 물러설 곳 없는 길 끝
물의 상처에 패를 던지고 그 파장의 시간으로
흔들리는 것이 잔잔하게 봉합되기를 기다린다

그리고 나는
패배를 도운 두 손을 들어 흔든다

꽃의 잠복

매운 씨를 앉히려는 눈은 충혈된 핏빛
밭이 아닌 곳에 꽃을 피워 놓고
찻길 옆에서 흔들린다
꽃씨가 날아오르고 그때 바람은 방향을 꺾었다

속도에 치인 급브레이크 소음과
구름 속에서 던져진 한바탕 소란까지
몇 날을 기다려도 돌아오지 않는 밤
증거가 인멸되는 여름밤이 오기 전에
꽃대에 감추어진 눈이
무심코 돌아서던 바람의 뒷모습을 기록해 두었다

두 평의 반경에서 나머지는 식별 불가능
아직도 푸릇하게 녹화하고 있는 무꽃 한 송이
지난가을 뽑지 않은 무
되돌려 감기를 해 보면 첫 부분은 파릇파릇하고
묶은 시간들이 꼬리 쪽으로 빠져나간 뒤 흔적은 맵다

의구심 없는 잡풀들은 뽑혀 나가고
다시 무언가 심어지는 밭
반점으로 가려진 무꽃엔 은밀한 진술이 묻어 있다
껍질을 열면 검붉은 혐의들이 가득하다

지난 계절 의혹과 혐의가 고스란히 담긴
한동안 입을 맵게 한 사건들이 들어 있다

포물선

 날아가는 것들은 기류나 방향이라는 말을 알고 있는 게 분명하다 던지는 곳보다 낮거나 높은 착지 내부에서 발생하는 질량은 날아가는 무게와 던져진 말의 온도로 생성된다 한쪽의 질문으로 출발해서 양쪽의 대답이 될 수도 있는 무심코 던진 말은 풀숲까지 날아가 우리는 찾을 수 없는 말들은 풀숲에서 배웠다

 투수의 손끝을 떠난 표정이 손바닥에 들어오는 순간, 구위를 읽어낸 포수는 손안에서 출발점을 고르지도 않고 공을 꺼낸다 날아가는 동안 속도를 버리고 무게를 갖는 기류는 저항을 밀어도 무게가 거리 좁힐 수 없을 때 서로의 감정은 직선 상태로 놓인다

 빠르게 지나가는 것들에는 쉭쉭거리는 가쁜 숨소리가 난다 심장은 언제부터 이렇게 빠르게 날아가는 중이었는지 그럴수록 너무 먼 곳의 감정들을 선 체험 하는 것은 아닐까 내려앉을 때 족적을 가지는 것들은 드러나지 않는 경사가 숨겨져 있다 기류를 읽으며 날아가는 거리는 질문에 따라 착지점이 바뀌는

걸 이미 알고 있을 것이다

  일정한 동선을 비행하다 속도를 내려놓은 곳 산등성이 무덤으로 흘러든 유순한 각도의 기류가 있다 처음 솟구쳐 오른 곳으로 돌아가 평행선으로 연결된 이쪽과 저쪽의 대칭

  무심코 던진 것들이 날아갈 수밖에 없는 자세엔 늘 자만한 곡선이 붙어 있다 질문과 답으로 날아간 거리가 정확한 자리에 착지할 때 떨어진 말은 평행선으로 놓인다 여름밤 누군가 던진 물음에 답하는 별자리 하나가 포물선을 그리고 있다

엄숙한 견학

우리는 간다 삼삼오오 모여
때론 혼자
하얀 봉투에 인사말 쓰고 학습 비용을 채워 넣는다
견학의 장소는 가는 곳마다 달라지지만
줄지어 선 꽃들의 묵례를 받아도 향기롭지 않다

애도를 정자체로 올려놓고
준비해온 울음을 꺼내는 것으로 시작되는 학습
무릎 구부려 갖추는 마지막 예의
말 없는 얼굴 앞에 고개 숙이면 낡은 오해는
흐르는 눈물에 혼자 풀어진다

떠나보내는 학습은 오래 묵은 감정을 하나씩 지우고
균열되어 있던 틈을 메워 넣는다
가끔씩 들리는 울음이 조의금 상자 속으로 들어간다
꽃이 시들기 전
푸른 멍 자국 하나 꾹 누르는 법을 배운다

밤샘의 견학에는 불이 꺼지지 않고
남은 꽃향기는 제 역할을 다 하고 있다
목 짧은 꽃이 자리 지키는 동안
우리 이름도 흐릿해지고 있다는 걸 배우게 된다

매듭 풀어낸 손끝
연기 한 줌으로 인사가 가벼워지고
처음 가보는 듯 길의 끄트머리에서
오열하는 우리 견학의 막바지는
흰 장갑을 벗는 것으로 마무리된다

물의 껍질

주름진 얼굴에 팽팽한 껍질이 생겨나 구겨졌던 얼굴이 웃고 있다

생의 동작들이 빠져나가고 반듯이 누워 떠오른 얼굴
햇볕을 피해 산그늘 쪽으로 밀려가 저수지의 껍질로 떠 있다
요지부동 밖으로 나오지 않던 내력이 둥둥 떠 있다

생시의 내력대로라면 익사자의 얼굴은 커다란 바위 크기여야 알맞을 것 탈피도 않는 저 外皮는 어느 평생을 가두느라 안간힘으로 구겨졌던 것일까

구름 그늘이 흰 천으로 덮이고 있는 수면

불룩한 배에서 가슴지느러미가 금방이라도 튀어나올 것 같은데 어디에도 실족은 보이지 않는다

물의 탈피를 본다

몸 밖으로 밀어 올리는 부력으로
가장 안쪽이 어느 생에게는 가장 바깥이 되기도 하는데

남아있던 의문을 벗고 한 겹 주름마저 벗은 채
한낮을 들추며 드러낸 물의 껍질은 늘 깊은 곳에서 생겨난다

나의 가장 가까운 근처에서 간혹 일어나는 일이다

이정원

―

와류

오목한 중턱

블랙 아이스

슬픈 모색

꽃 피던 공중전화

이정원 2002년 〈불교신문〉 신춘문예, 2005년 《시작》으로 등단. 시집 『내 영혼 21그램』 『꽃의 복화술』이 있다.

와류

물길에 갇혀 한 걸음 보폭이 시릴 때
소용돌이 속에서 벼린
한 사내의 발톱을 보았다

햇빛 편대가 미늘을 드리운
강진 사의재四宜齋에는
휘몰아치던 물길의 설왕설래가 붐빈다

다산茶山을 만난 생각의 틈으로도
몇 개의 물줄기가 갈마든다
시대와의 불화는
흐르는 물줄기에의 역행일까 순응일까 다산은

정신을, 용모를, 언어를, 행동을 채찍질하며
다스림의 밧줄을 물결 너머로 던져
본류를 파악한 것이다 합수친 것이다

그리고 나는,

팽나무 지긋한 그늘 수발을 받으며 아욱국을 먹는다

한 사내의 목이 메었을
한 숟가락 한 숟가락 울화를 삭였을
아욱국은 옛 주모의 텁텁한 속정처럼 깊다

마당 가 여름을 사르는 접시꽃은 아욱과科의 풀꽃
아욱꽃 작은 숨결이 큰 접시꽃을 섬겨온 듯
붉음의 채도가 한층 도드라진다

초당 툇마루에 앉은 나도 '비로소 겨를을 얻는다'*

그의 겨드랑이를 부축한 겨를, 치욕을 다독인 겨를이
서까래의 물결무늬로 스며 고고하다
격랑 속에서 솟구쳐 핀 저작들이
겨를의 둘레에서 처연히 빛난다

발걸음 앞 물길을 지목했던 내 쫀쫀한 보폭이

미늘에 걸려
따가운 힐문을 낚는

와류,

강진에서 와류는
시간의 물목을 지키는 긴 짐승이다

꿈틀거리며 더 깊고 넓은 물굽이로 나아가는,

* 다산 정약용이 유배되었을 때 강진에서 했다는 첫 발언.

오목한 중턱

신발 속에선 자꾸 시간의 발톱이 자라고
산모롱이 돌아 나풀나풀 나비 여섯 오목한 궁지에 내려앉고
철없는 나비들 그녀의 진액을 다 핥아먹고

슬픔은 늘 오목한 곳에 모이지 손목과 다리오금, 복사뼈 부근, 가슴 안골
오목한 곳에 고인 슬픔은 썩지도 않아,

부풀고부화하고증식하고저희끼리둥기둥기

밤이면 여기저기서 기어 나온 슬픔이 얼씨구, 춤판을 벌였네 그녀는
춤에 지친 그들을 알약에게 주었지 알약 한 알에 손목, 알약 한 알에 무릎을
알약 한 알에 통증, 알약 한 알에 불면을

긴 발톱이 칡넝쿨처럼 엉겨 진보라로 말을 걸고 말을 거두는 칡꽃의 시간

시간의 발톱을 깎아야 하는데
관절이 점점 오목해져 그녀의 중턱이 움푹 꺼지네

슬픔의과부하슬픔의반란슬픔의자기복제

그녀가 중턱에 고여있네 중력의 자장 안에 갇혀
이내 내리막길을 타려고 하네

턱밑 까지 비탈진 그늘, 방울져 있던 슬픔의 떼거리들이
떼구르르르 한꺼번에 쏟아져 비탈을 구르네
깎을 새 없이 발톱은 빠지거나 문드러지거나

슬픔의자가당착슬픔의뼈대슬픔의행로슬픔의간절한뿌리

나비들은 더 이상 오목한 곳에 깃들 수 없어
그녀의 중턱을 오래 서성이네
스멀스멀 기어 나오는 슬픔의 둥지를 겨우 엿보네

블랙 아이스

너를 읽지 못했어
네 속에 꽉 들어찬 검정을 보지 못했어
검정의 표면이 얇은 나비 날개인 걸 몰랐어
힘겹게 날아오르지만 금세 젖거나 찢어진다는 걸
들키지 않을 만큼 흐느끼는 어깨에 간밤
매트리스 같은 고독이 무서리를 깔았다는 걸
불면의 핸들 갈팡질팡, 핸드폰 불빛으로
지형도와 지형지물을 찾고 있었다는 걸
몰랐어, 그런데 몰랐다는 건 좀 그래
너를 가장 잘 읽어내야 하지만
내게도 숯 검댕이 검정이 있어
은폐한 검정 위에 덧바른
당의정 노란 두께가 있어
우린 서로를 읽지 못했어
아니 너도 나를 읽지 못했어
손톱을 깨무는 버릇, 귓불을 만지는 버릇 따위
실은 살얼음이야, 속울음의 가벼운 결빙이야
네가 깐 살얼음에 늑골이 얼얼했듯

너도 한 번 미끄러져 봐, 나가떨어진 거기서 젖은 날개를
툭툭 털어보라고!
다시 날아보라고!
서로를 읽는 건 서로의 상처를 만지는 일, 조심스레
자신의 예리한 얼룩을 지우는 일
휘문이한 말의 가지들이 새로 움터
반짝 반짝 빛나는 날, 이제 정말
너를 읽기로 했어, 검정의 감정을, 감정의 날개를
너는 나비, 내 마음의 경첩에 간당간당 붙들려
언제 떨어져 나갈지 모르는,
읽다 만 페이지에서
바스러지는 얼음조각이 보였어

슬픈 모색

끈질겨서 낯익은,
낯익어서 무심한,
무심해서 민망한,
펄럭이는 단발머리

한 얼굴에 스며든 20년 곡절의 삼투압
남산터널서 해남 땅끝마을까지
불쑥불쑥
물음표를 던진다

발랄했던 열일곱 혜희가 사라졌어요 우리 혜희를 찾아주세요 그날 밤 버스가 내쳤어요. 미궁에 빠졌어요 뒤따라 내린 수상한 남자도 오리무중, 어쩌면 좋아요 우리 딸! 생업을 포기하고 찾아 나선 지 20년, 목메는 부름은 헛된 메아리,. 마을이란 마을에 낡을세라 바꿔 단 현수막 수만 장, 전단지 수천만 장을 돌리며 나는 떠도는 바람으로 살았어요 아내는 북받치는 통한을 끌어안고 저세상으로 갔고 나는 이제 빈털터리, 기초생활자금으로 하루를 천 년같이, 오늘도 희망을 매달고 절망

을 흩뿌려요

 거긴 어디니? 춥거나 어둡지는 않니? 아빠의 매일도 늘 춥거나 어둡지만 티끌만 한 단서라도 좇아 달려갈 거야 산골짝 절벽이라도 맨손으로 오를 수 있어 폭우나 눈보라 속도 내게 궁지는 아냐 혹 파도에 휩쓸렸니? 구명조끼와 보트는 내 머리맡 필수품이야 사자의 갈기라도 움켜쥘 수 있어 널 찾아야 한다는 일념이 메르스도 너끈히 물리치게 했지 막막한 동굴 속이지만 오감을 열어놓고 견디고 있어 그때의 나이 열일곱에 갇힐까봐 매일 조금씩 네 얼굴에 세월의 눈금을 매겨 오늘의 너를 복원해 두었지 언제든 아빠! 부르며 달려올 때 잽싸게 알아봐야 하니까 아직도 투지폰에 영혼을 매달고 심장을 뒤흔들 네 목소리를 간절히 기다려 사랑해, 우리 딸!

 뒷면이 얼얼해서
 저간의 지레짐작이 머쓱한
 송혜희는 어디 갔을까

애끓는 아버지 발걸음을 비틀고
가족의 삶을 저당 잡고
궁금증의 마디를 불쑥 늘이고
어디로 꼭꼭 숨었을까

파란만장한 배후를
한 장 펄럭이는 비명으로 매달고
오늘도 난감한 질문이
바람의 눈빛을 수소문한다

꽃 피던 공중전화

송신도
수신도
다 저문
저 부스

꽃피던 젊음이 있었지
두근두근 떨리는 가슴, 손가락 끝 전율이 있었지
지레 마중나간 기대와 주저앉는 절망이 있었지
다급한 안부와 씁쓸한 악수惡手, 뒤따라온 빗방울의 위로가
있었지
플라타너스 얼룩무늬에 기댄 늦저녁 눈물이 있었지

문짝 떨어진 부스에서 기억은
휑한 역사驛舍 한 귀퉁이
퇴출된 꼰대처럼 어정쩡 서있다
노숙으로 내몰린 이력들
발에 밟혀 바스라진다 이제
낭만은 그만,

더 이상의 달빛 고백은 없지
분홍빛 설렘도 줄 선 기다림의 여백도 없지 무람한
애걸복걸, 밀당도 없지

꽃은 피고 지고 다시 피지만
곤궁마저 꽃으로 피워내던 한 시절, 싹둑 잘려져 나가고

분주한 걸음걸음
코 박은 액정마다
번다한 스마트폰 꽃

* 김경주의 「꽃피는 공중전화」 변용.

장무령

—

순례

드라이플라워

나를 만지지 마라

여행을 떠나요

종장

장무령 1999년 《작가세계》에 「박상문 氏가 없는 첫날, 박상문 氏 댁의 시퀀스」 외 4편의 시로 등단. 시집 『선사시대 앞에서 그녀를 기다리다』가 있다.

순례

 살아 있다는 것은 몸을 요구한다

 비대한 몸을 관람하는 산티아고 대성당 당신, 도륙屠戮의 축복

 욕실 통유리 밖 적목련 손끝, 낙화 직전의 응혈
 스파 욕조에 콸콸 쏟아진 뜨거움
 땅이 다시 시작되는 곳으로 흘러 내장 없이 뼈 없이 물결만 남아

 불쑥 나타나 묻지 마의 미소로 옆구리를 꿰뚫어
 오물로 범벅된 몸을 차가운 길바닥에 풀어주시기를

 기필코 들어주지 않는 인자한 당신

 투명 유리관 속 거죽만으로 전시 된
 도살의 날짜 선명한 검푸른 낙인의 몸을
 점심 후의 가벼운 산책처럼 지나치는 관람객 속 당신

포정해우의 솜씨로 뼈와 살을 발라내면서 감각만은 끝내 살려놓는
섬세한 당신

아무도 들어가지 않는 도서관에 들어가기 위해
아무도 오지 않는 저녁 테이블에 앉기 위해
떠나기 전
성당 광장을 한 바퀴 돌 때
유리관 속에 앉아 있는
썩어 가는
생생하게, 당신

드라이플라워

기어이 잡히고 말았구나
이 늦은 오후에
저 열린 저녁의 문으로 달려오는
짐승의 빛나는 이빨

샤워를 한다
썩는 말의 고름
물에 풀려
오늘 저녁 하수구 쥐들의 꼬리를 적시고
가본 적 없는
모래사장에 닿아
해풍에 바스러지는 드라이플라워를 위해

본다,
눈알 없는 흰자위로
짐승을 기다리는 한 덩이 살점으로
처마 끝에 매달려 흔들린다

마주 앉은 테이블에 수북이 쌓이던
배고픔의 족쇄를 끊고
아버지의 집을 떠나
아버지의 집에 안긴
고양이의 방울 소리
백동전처럼 집 밖으로 떨어지는

오라, 설레는 무욕
나의 짐승이여

나를 만지지 마라

　마을로 내려오는 언덕 뒤편, 숨지 못한 자의 부조浮彫가 세워졌다

　마을 입구에 모인 사람들이 검은 하늘을 향해 붉은 장미처럼 공포탄을 쏘아 올렸다

　들것에 실려, 나는 책을 펼쳤다
　처음 들어보는 사람들의 노랫말이 첫 장부터 한 글자씩 또박 또박 내딛고 있었다

　'손을 펼치세요 당신의 운명을 감춰드립니다'
　가져본 적 없는 별자리를 나의 손금에 그리던 점성술사

　후배는 성당 목걸이를 가져다주었다
　목을 조이는 축복의 언어

　여든 넘어 갑자기 성당을 다니기 시작한 어머니
　저기 종탑 위 양손에서

아버지의 핏덩이가 뚝뚝 떨어진다
혓바닥을 날름거리며 종탑을 핥는
화염의 문장

책을 덮는다
누군가의 소리, 척수를 꽉 누르는

'나를 만지지 마라'*

* 라틴어로는 '놀리메 탄제레(Noli me tangere)'이다. 부활한 예수가 마리아 막달레나에게 한 말이다.

여행을 떠나요

그녀의 말은 두꺼운 책처럼 딱딱하다

'펜을 잡은 손끝에 면도날처럼 파고드는 글자
당신을 조각조각 찢을 때
연락하지 말아요
그냥 떠나요'

창문은 무덤처럼 열리고
나는 중력을 잃고 천정으로 떠올라
숫자를 처음 배우기 시작한 아이의 입으로
하나 둘 셋 또박 또박 세어가며
넘어오는 것 없는 푸른 언덕 위를 흐른다

유리구슬처럼 뭉친 핏방울이 책상 위를 굴러다니는
찢어진 방충망 틈으로 달빛이 썩은 우유처럼 쏟아지는, 서재
책장에서 책들이 한 권씩 날개를 펼칠 때
읽지 못한 것을 쓰지 못한 것을 담보삼아
성호聖號를 긋고

부풀어 오른 복수腹水를 터트려 주세요
참을 수 없는 나에게서 물러나 주세요
신이여,

불빛이 보일 때마다 전속력으로 날아간 글자들이
전조등에 하루살이로 부딪히고 압사하는 소리
딱, 딱, 딱 떠오르는 부표,
나는 부표 줄에 매달려 깊은 연못 진흙 바닥, 거꾸로 곤두서서
핸들을 놓고 잠들 때까지

그녀의 말이었던 곳 연못이 고이고 형형색색의 잉어들이 몰려다닌다
책을 펼치면 허연 배를 뒤집고 떠오르는 잉어
여행가방에 주워담는다

종장 從葬*

자 긴장 푸세요
금방 사라지실 거예요
간호사의 목소리가
모르핀처럼 분명했다

차문을 벌컥 열어버린 예의 없는 소녀는
피 묻은 교복을 신용장처럼 입고 있었다
아저씨 어디로 가는지 알아요

껍질이 벗겨진 나무의 전령이
허공으로 강직되는 숲으로
가속 페달을 밟았다

종탑처럼 길이 좁아지고
부서지는 차 안에서
피에 젖은 소녀가 부풀어 올랐다

누군가 종을 칠까요

종소리처럼 사라지는 아저씨를
나는 기억하지 않을 거예요

목적지는 항상 도착 직전에 변경되었다

'관계자 외 출입 금지'
문을 열고
나는 허수아비처럼 양팔을 벌려
새처럼 종소리가 내려앉기를

누군가 어깨를 토닥인다

정신 드세요 잘 끝났습니다
혼자 오셨어요?

* 장사 지낼 때 허수아비를 시신과 같이 묻던 옛 풍습.

장순금

―

숯

옛 사원

비등점

등

말

장순금 1985년 《심상》에 「연」 외 4편의 시로 등단. 시집 『걸어서 가는 나라』, 『비누의 슬픔』, 『조금씩 세상 밖으로』, 『낯선 길을 보다』, 『햇빛비타민』, 『골방은 하늘과 가깝다』가 있다.

숯

햇살이 곱게 빻은 빛을 먹고 자란
잘 익은 참나무가

산에서 내려와

제 몸을 쪼개 날 것은 익혀주고 추운 손 데워주고 은근히
눈 맞추며
태양의 아궁이 속에서 오래 구워져
묵언의 깊은 자정에 순하게 익어가는 숯이 되고 싶었다

아름다운 것은 손을 대면 피가 그을려

처음,
세상 색 다 섞은 깜장색 파스텔이 손에 왔을 때
천 개의 색은 무념무상이 다듬은 한 가지 빛이었다

첫 손으로 그린 나무의 몸
속살 헝클어 일필로 엎지른 몸통에 무너진 봄, 검은 봄

날리는 파스텔 재 가루 허공으로 경계 없이 무위를 달려
마음을 태우고
색을 태워
봄의 숯덩이에 그을린 피, 불씨로 안고 있는

옛 사원

 낮은 계단에 걸터앉으니 몸에서 한 시대가 빠져나가 하늘에 걸린 벽돌색 오래된 사원으로 들어간다
 어느 생에 잠시 살았던 적 있는 저 방이 아늑한 통증으로 구름이 빛을 가리는
 전생에 고였던 눈물이 풀렸나, 흥건한 고요 속을 헤엄쳐 다니는 긴 복도 붉은 카펫 무채색 벽화들 내실의 낡은 나무 의자
 내 살점의 몇 조각이 거기 있었나, 시간 밖으로 나오지 못한 고대의 생물로 고여 있었나,
 푸른 책상과 빛바랜 책이 정지 화면처럼 앉아 한 세기를 건너온
 나는 계단에 앉아 알 수 없이 흘러온 이국의 한나절 바람에 먼 데를 생각한다

 두고 온 게 무언지 우주 한 귀퉁이 흘리고 온 얼룩 한 점
 몇 세기 전 사원으로 나를 들여놓아 잊힌 통증의 문을 열어 보는
 이 방은 내 속의 평화로운 아이가 살았나 시간을 달리 한 유년이 있었나

다른 세계로 통하는 문, 낯익은 고요에 흘러들어 나는 잠시
평화로운가

　바람에 날리며 내려오는 길, 두고 가는 땅거미
　어느 생에 잠시
　복사꽃 핀 사원이 내 준 길을 따라 오늘로 돌아간다

비등점

불현듯 어깨에 닿는 낯선 촉수에 화들짝, 뜨거운 바람

비등점 오르는 불길을 애써 끌어내리는

아침은 아지랑이처럼 가물거리고 땡볕은 일몰을 건너
갈라진 입술 사이로 증발한 짧은 기약에

어깨 위 기우뚱 저무는 음계의 엇박자를 밟고 내려온 바람

비등점이 잠시 살았던 그 익명의 나라에서 함께 먹은 따끈한 밥 깊은 밥

뜨겁게 들끓어 올랐던 수증기
창공을 흐리게 한 섭씨 백도
뚝뚝,
얼음 물방울로 떨어진

방울 속 진공, 진공 속 찰나 같은

등

그 여자는 등에 풍선을 꽂고 다닌다

냉골이 무르익어 둥근 방이 된 높다란 더듬이

추운 등짝 민달팽이처럼 몸 감추고 싶은

세상과 등 사이 무지개가 은신할 거라 믿어

언젠가는 풍선처럼 가볍게 떠올라

굽은 등에 결박된 한 생애 포승줄을 끊고

부풀은 둥근 더듬이를 자르고

다 써버린 목숨이어도 좋을 천만 개의 눈총 없는 나라에서

화농 같은 봄날이어도 좋을

매끈한 등 바닥에 대고 한 달포 푹 자고 싶은

꼽추

말馬

몽골에서 너른 들판에 홀로 앉아있는 말을 보았다

노곤한 몸을 햇살에 누이고 싶은지 달려온 시간만큼 길게 내쉬는 거친 숨소리

서쪽으로 길어진 그림자, 황야의 발굽에서 풀려나오는 긴 하품이
중심에서 멀어진 저녁의 등을 덮고 있다

귓전에 햇빛 한 장씩 얹어 소리를 데워도 자꾸만 미끄러지는 세월,

퇴행한 허공의 뒷덜미를 끌어당기는 내일의 손

옹이박인 발굽에 갈기 날리며 지평 끝까지 달려온 목숨이
기우는 석양에 눈시울 적시는

푸른 봄으로 들어갈 신발이 다 닳아

새벽 출항에 새 신발로 한 번 더 달리고 싶은 놓지 못한 꿈을 중얼거리며

들판을 베고 누운 고단한 말 등에 흘러가는 풍경이 졸고 있다

장인수

〈질〉을 잘해야 살맛이 나

자신의 발을 사타구니보다 더 정성껏 닦아주리라

흙은 경이로운 과수원이며 강아지젖이다

봄바람이 불어서 하늘은 미쳤다

갯벌에는 땅과 하늘의 발자국이 가득하다

장인수 2003년 《시인세계》에 「돼지머리」 외 5편의 시로 등단. 시집 『유리창』 『온순한 뿔』 『적멸에 앉다』가 있다.

〈질〉을 잘해야 살맛이 나

대패질 잘하는 목수쟁이와 얘기를 나누었다
"〈질〉이 들어가는 일은 어려워. 바느질, 괭이질, 대패질, 낫질, 망치질, 붓질, 인생질, 사람질 등등 쉬운 게 한 개도 없어."
"힘든데, 재밌어."
"그래서 질, 질, 질…… 질을 하면서 사는가 봐."

"사랑도 사랑질을 해야 재밌어."
"마당도 마당질을 해야 재밌어."

"질! 질을 잘해야 살맛이 나."

자신의 발을 사타구니보다 더 정성껏 닦아주리라

불상이나 탱화를 보면 부처님은 맨발이다
부처님은 열반에 든 후에 관 밖으로 두 맨발을 내밀었다
늙은 낙타의 발처럼 부르트고 꺼칠한 맨발이었다

이역만리 걷고 또 걸어 다니다가
손발에 못 박혀 죽으신 예수님을 생각한다

발은 신체의 가장 낮은 곳에서 온몸을 지탱했고
흙과 자갈 속에서 길을 찾았다
꿈틀거리는 것들을 맨발은 대수롭게 여겼으리라

정성을 다해서 자신의 발을 씻겨주리라
사타구니와 젖꼭지를 씻듯이
낮고 낮은 발바닥을 깨끗이 씻어주리라
죄를 지은 발도 따스하게 만져주리라

흙은 경이로운 과수원이며 강아지젖이다

꽃다지와 냉이꽃이 납작 낮은 자리에서 피어날 때
흙은 까르르르르 웃는다
간지럽게 흙의 피부끼리 맞닿으면
피부를 뚫고 꿈틀거림이 돋거나 스멀스멀 기어 나온다

흙의 각질을 뚫고 아지랑이 손가락이 튀어나오고
푸른 색깔, 노란 색깔, 빨간 색깔이 자란다

흙은 젖가슴처럼 경이로운 수도원이며 과일밭이다
촉감도, 향기도, 살도, 탄력도 가장 밀집되어 있는 물질이다
육체는 젖가슴에 이르러 살의 순도가 가장 순수하고 깊고 맑아지는 것처럼

정신은 흙에 닿아서 사과꽃 자두꽃 과수원이 된다
젖을 빠는 강아지들의 혓바닥처럼
흙은 숭고하고 거룩한 액체가 흘러나오는 강아지젖이 된다

봄바람이 불어서 하늘은 미쳤다

치렁치렁 봄바람아
살랑살랑 구름들아
흐드러지고 자지러지는 나뭇가지들아
훨훨 춤이 되어라 꽃잎들아

생각주머니야 빵 터져서 민들레 홀씨가 되어라
하늘하늘 미쳐서 흩날려라
허공아, 너의 허공에게 살랑살랑 향과 색깔을 흩뿌려라

하지만,
바람의 성분은 늙은 노모의 손가락 뼈마디를 지나 심장의 떨림판에서 파르르 떨다가 귓등의 솜털로 빠져나갔다가 허리뼈 골다공증의 뼈터널로 스며들어서 몸은 점점 가벼워지누나.
지탱하기 어렵구나,
저승까지도 훨훨훨 불어가겠구나.

갯벌에는 땅과 하늘의 발자국이 가득하다

수평선에서 밀려오는 밀물의 발걸음을 보아라
썰물이여 광활하게 갯벌에 찍힌 물발자국이여
물발자국을 따라 박음질하는 노을발걸음이여
구멍을 들락이는 잰 망둥어발걸음들아
하늘에서 지상으로
써레질을 하며 총총총 다가오는 달빛발걸음이여
끈적끈적한 점성으로
푹푹 허벅지까지 빠져서는
허우적대는 힘겨운 인간의 발걸음을 보아라
거름 중에 제일 좋은 거름은 발걸음이어라
갯벌 땅속에 묻혀있는 수만 년 전의 달빛발자국 화석
모래와 자갈과 돌과 진흙의 성분 속에
공룡발걸음과 물발자국이 가득 들어찬 갯벌에
신비롭고 놀라운 녀석들이 살아가고 있구나

전수오

물의 과녁

바리

여름 안의 여름

무인 식물원

유영

전수오 2018년 《문학사상》에 「조향사」 외 9편의 시로 등단.

물의 과녁

저수지 한가운데 올라온 손 하나 누구의 것일까

새가 알을 낳아 새끼들을 둥지 밖으로 보내고 소년이 청년이 되어 마을을 떠날 때에도 손은 늘 그 자리에 있었다

소문을 타고 날아온 잠자리가 손끝에 앉고 날마다 하늘이 구름으로 쓴 편지를 보내왔으나 손은 늘 하늘을 향해 뻗어있을 뿐이었다

손은 마치 저수지 중앙에 명중한 화살 같아서
멀리서 보면
가느다란 손가락이 살깃처럼 빛에 흔들린다

저수지는 언제나 짐승의 막 터진 신음처럼 마르는 일이 없었다

누군가는 손이 이 지역의 명물이라 했고 누군가는 저 빌어먹을 손 때문에 되는 일이 없다고 했다 많은 사람들이 겁에 질

려 마을을 떠났다

달이 꿈보다 크게 부푸는 밤
몽유를 앓는 어린 아이가 물 위를 걸어 손에게로 간다

달빛을 받은 물 위의 손은 한 점 파문도 없이 고요하고

아이가 쪼그려 앉아
물 위의 손을 잡는다

그 차가운 손은
천천히
오그라들고

투명하게
녹는다

물이 아문다

바리

한밤에 밖으로 쫓겨난 낡은 가구들 위로
궤도를 잃어버린 달이
제멋대로 흘러간다

창백한 얼굴이 환해서
멍하니 바라보는 동안
소리도 없이
차가움은 발끝까지 내려앉지

내 몸은 나보다 꿈을 더 사랑해서
나는 먹어도 먹어도 배가 고팠다
입을 지워도 괜찮았다

플라스틱 조각을 삼킨 물고기들
뱃속으로 들어간 거짓말은 포만감을 준다
풍요에 대한 지독한 믿음일까

우연히 마주친 우리는

남몰래 밖으로 밀려난 쓰레기 같아서
옅어지는 얼굴

그래도 꿈은 죽지 않아서
꿈이 삼킨 쓰레기들은 영영 버림받지 못하고

제발 나를 버려주세요

헛된 꿈을 꾸는 자들이
누구보다 정성껏 하루를 살고
끝까지 거짓말은 달콤하지

종일 창가에 서서
손님을 기다리는 저 사람처럼
아름답게 버려지는 시간처럼

여름 안의 여름

발끝에 고인 여름이 무겁다
뱉지 못한 울음이 나 대신 사는 세계

툭 건드리는 기적은 뜨겁고
주인이 없어서
나는 그것을 쉽게 믿었다

손목을 타고 흐르는 간지럼
이리저리 굴리다가
느낌 하나를 잃어버리는 손

눈동자를 그리면 집이 완성되는데
초점이 흐리고 숙련되질 않아

잠글 수 없는 집으로
여름이 드나든다

민달팽이처럼 누운 4시를 누르면

터져 나오는 빛이
어두운 벽에 흥건하다

흔들린 장면 속
알아볼 수 없는 얼굴이 나를 대신하는 세계

나보다 더 작은 내가
그늘보다 낮은 곳에서 손을 내민다

여름, 넘치는 빛 속에서

한 잎 그늘 아래 서툰 손에게
마음을 조금씩 쓴다

무인 식물원

웃었지, 홍채들에게 명령하라고

슈타인은 기계를 잘 다뤘고
기계는 슈타인을 더 잘 다뤘어

"슈타인! 슈타인! 왜 이 세계에 내 몸이 없는 거야?"
"당신이 보는 세계와 당신이 있는 세계는 다르니까요."

침엽처럼 가늘게 눈을 뜨면 검은 안개가 보여

기계의 마디 사이에 까맣게 낀 짐승들
서로의 눈에 솜을 밀어 넣어 주고 있네

슈타인은 더 이상 화를 내지 않고
화를 분류하지, 금속성으로

마취된 시간이 부유하는 동안
몽롱한 육체들이 가볍게 분리되고 나면

사람들은 숫자에 불과해

뜨거운 내장이 식으면
뱀이 된 사람들이
슈타인과 기계 사이에서
밀렵 당한 뒤꿈치를 찾아 헤맨다

유리 돔 안에 틈틈이 박힌 나사는
눈꺼풀을 한껏 조이고

기계가 제 속을 사람들로 채울 때 마다
뒤돌아보지 않고 더, 더
난폭하게 자라나며 도주하는 잎사귀들

끝없이 복사되는
저 녹색 기계들을 바라보며
슈타인은 웃었지
열매가 없어도 즐거운 몸부림이라고

멀리 도망칠수록 서로를 닮아가는
이곳은 식물계다

유영 遊泳

고래들이 먼 행성으로 날아가려고
뭍으로 다리를 떨군다

간선도로 옆을 달리는 두 남녀가
점점 작아지고

마침내
하얀 운동화가
몇 개의 흰 점으로 일렁일 때

밀물과 썰물은 더 이상
서로를 부르지 않는다

지하철의 한 사람이
거꾸로 든 꽃다발

그 앞에 앉은 나의 손등에
내려앉는 꽃가루

이 순간 가장 고요한 속도

희끗한 그림자가
기억 속 얼굴을 드나들다
멀리 간다

등 뒤로 조용히 유성우 떨어질 때
한쪽 귀
시드는 소리 듣는다

지하철에 우산을 두고 내린다

정수자

―

어느 기웃한 날

통로에서 통로 찾기

먼지제국과 가면춤을

감자떡을 살까 말까

잔을 든 채

정수자 1984년 세종숭모제전 전국시조백일장 장원으로 등단. 시집 『저물녘 길을 떠나다』 『저녁의 뒷모습』 『허공 우물』 『탐하다』 『비의 후문』 『그을린 입술』이 있다.

어느 기웃한 날

사각사각 불안하다
탁자 위의 쿠키가루

틈새의 미열처럼
쫑긋대는 더듬이들

덩달아
솜털이 섰다

파편 깨문
기억처럼

까만 발들 편대 따라
끌려가는 부스러기

카페 구석 화분처럼
오후도 좀 기웃할 제

커피만
홀로 뜨겁다

그대는
더 식었다

통로에서* 통로 찾기

통로가 곧 미로 같은 초대형 꿈의 마트
일용할 욕망으로 높아지는 칸칸이
오늘의 전시를 향해 전열을 다듬는다

동에서 서로 동서분주 통독을 여며가는
냉동과 적정온도 도나우의 왈츠에도
통로들 속바람일랑은 오로지 계약 연장

기한 지난 소시지를 몰래 모여 뜯던 밤은
때마침 크리스마스, 욱여넣다 흩어졌지만
바깥도 또 다른 통로라 눈보라만 눈부셨다

트럭 몰다 지게차도 겨우 몰던 동독 통로
물품 묶는 노끈으로 제 목을 묶고서야
비로소 빠져 나갔다, 가없는 생의 미로를

* 동독 출신 토머스 스터버 감독의 영화 〈인 디 아일(In The Aisles)〉.

먼지제국과 가면춤을

창문을 견디란다, 점점 더 침침한데
털 수도 막을 수도 쳐낼 수도 없는

거대한 투명그물처럼
죄어오는 먼지군단

눈 코 입 가리면서 호흡을 줄여 봐도
누레진 태양마저 제 빛을 잃어가매

다국적 바람제祭 올리듯
동풍이나 부를까나

초미의 계엄처럼 틈도 죄죄 추궁하며
부식을 견뎌가는 지구별 한 귀퉁이

숨조차 빌려야 하나
오늘이 너무 멀다

감자떡을 살까 말까

　월정사 가는 길에 감자떡을 달게 사먹고는

　언제 닫느냐니까 감자처럼 툭 던진다, 어둑해질 때유, 그럼 8시요? 그냥 묵묵 웃기에 내려올 때 사겠다고, 묻지도 않았는데 굳이 얹질 놓고는, 유효기간 보관방식 시시콜콜 더 묻고는, 돌아오는 길에 서로 감자떡을 살까 말까, 마트에도 많다느니 신선함이 다르다느니, 몇 푼이나 한다고 몇 분이나 걸린다고, 갑론을박 지나치다 노점께로 돌아보니

　별안간 훅 어두워지는 거라
　웬 뻐꾸기도 웃는 거라

잔을 든 채

방바닥 흰 터럭을
굳이 집다 엎지르고

괜스레 무안해져
붉힌 손등 쓸다 말고

천지간
집 없이 늙을
서문들을
헤다 말다

마음 더 엎질렀음
창을 환히 차렸을까

지는 꽃의 수작으로
입술 짐짓 대보다

후문도

다 해진 저녁
봄 추신을
달다 말다

정지윤

―

가문비나무 숲의 이별은 가볍다

카페 사일런스

패스워드

경주마

진눈깨비

정지윤 2015년 〈경상일보〉 신춘문예로 등단. 동시집 『어쩌면 정말 새일지도 몰라요』가 있다.

가문비나무 숲의 이별은 가볍다

절벽 위에 집을 짓는다
아무도 내게 높이를 허락하지 않았다
히-말라야 히-말라야
견딜 수 없는 높이들이 다가온다
입안으로 되돌아오는 소리들이
바스락거리다 뒤척인다
기침 소리 뒤에서
가문비나무는 흔들림을 키우고
내려다보면 수직의 단풍이 짧게 지나간다
스웨터도 없이 추운 곳으로 떠난 이들
부디 따뜻하길,
제 높이의 치수를 재는 가문비나무들
내내 먼 곳을 일으켜 세우던 절벽이
붉게 다가온다
차가운 발아래 무릎을 구부리던
나는 내 높이를 조금씩 수정한다

카페 사일런스

문을 열 때마다
은행잎이 날아온다

추운 건 질색이야

곧 결혼을 앞둔 친구가
아일랜드 북쪽으로 떠난 뒤
주방에서 그릇 부딪치는 소리가 난다

혼잣말을 하는 아일랜드 주방장
지도를 꺼내놓는다

기네스맥주를 마시는 귓가에
씨앗들이 가파른 계단을 떠난다

나 이제 일어나 가련다*

맛없는 빵을 뜯는 식탁

나는 이제 사라진 것들의 소란을
그냥 지나치려 한다

미처 가보지 못한
슬픔에 겨우 도착할 때까지

* 예이츠의 「이니스프리 호수의 섬」 중에서

패스워드

거울들이 나를 길쭉하게 왜곡하는 날
하이힐을 신고 이왕이면 콧노래를 부르며
면접을 보러 가야지

당신은 누구십니까
그들의 질문은 다시 돌려주며
암호보다 캄캄한 눈빛을 보낼 거야

복권 판매대 앞을 지나 볼펜을 똑딱거리며
김밥을 씹을 때면 살아나는
질문과 밥알들
비닐봉지 하나로 감당하기엔 너무 이른 저녁
거리에 가득 찬 버튼 키를 누른다

봉인된 현금 지급기를 모두
꺼내주고 싶어
전선에 매달리는 새들

렌즈 속에는 아무리 눈을 치켜떠도
거꾸로 서는, 빌딩들

겨울 내내 잔고 조회는 끝나지 않는다

경주마

그 말은 평생 수만 그릇의 박수를 받았다
달리던 속도는 돈으로 환산되었다
수많은 사람의 기대를 허공에 날리기도
그건 단지 꿈꾸는 자의 꿈일 뿐

다크호스
누군들 박수 속으로 자신의 심장을
밀어 넣고 싶지 않았을까
그러나 불운은 달리는 심장에게만 오는 것
한순간 발목이 주저앉아 쓰러졌다

긴 재활의 날들이 온다
박수 소리를 반추할 수 없는 시간을 견뎌야 한다
수많은 알약과 소독 내음이 나날을 채워간다
발걸음 속으로 뛰어들던 익숙한
트랙들도 더는 나를 꿈꾸지 않는다
이제 모든 길은 내 속에서 화석이 되고 있다

평생을 달렸지만 내 트랙을 벗어날 수 없다
나를 먹여 살린 것은 속도의 힘
박수 소리 멀어지고 선수는 교체되었다
느릿느릿한 재활병동의 시간만이 주변을 흘러간다
고장 난 속도는 씹을수록 질겨진다

진눈깨비

우체국 신호등 앞에서 잠깐씩 기다림을 잊는다

흐린 바람을 탄다
너무 밝아서 보이지 않던 얼굴들

불빛이 바뀔 때마다 다가오는
그림자들 지느러미처럼 비껴간다

부딪치지 않고 함께 오가는 습관

쌓여 있는 과일 틈바구니에서
소포 상자의 이름이 얼룩진다

오리털 점퍼가
구겨진 채 상자 속에서 진땀을 흘린다

전광판의 자막들은 대책도 없이
노후를 재촉한다

목덜미가 차고 쓰리다
진눈깨비들이 공사판을 떠도는
공약처럼 바삐 사라진다

택배 상자를 가득 실은
오토바이가 시동을 건다

진눈깨비 속에서
철새들의 겨드랑이에 싹이 돋아나겠다

정현우

소생의 밤

노르웨이의 숲

귀이개처럼 오는 저녁

틈새

옷의 나라

정현우 2015년 〈조선일보〉 신춘문예로 등단.

소생의 밤

저승에서 이승으로 돌아오는 삼일장에는
몇 개의 잎사귀가 남아 있나
나의 기도를 확인합니다.
아니, 확신합니다.
태양을 향해 나는 일어섭니다.
새들은 나와 나란해집니다.
죽어야 하는 잎과 살려고 하는 잎들로
만나지 않은 끝, 복도는 눈을 감고,
나는 가팔라지는 암벽에서
매달려 있는 나무,
서성이는 문장들이 죽는 동안
용서는 누구의 것인지
현생만이 나의 것입니까.
추모는 끝까지 나의 것이 아닌데
나는 슬퍼하는 동안
투명한 귀들이 자랍니다.
귀들을 자르면 살아 있는 표정으로
그것은 우는 얼굴입니까.

나는 살아 있습니까,
살아 있어야 사람입니까,
가장 죽고 싶을 때와
살고 싶을 때는 같은 표정입니까.
걸어오는 저 어둠은
어디가 시작입니까,
처음은 다시 태어납니까.

영혼이 하나씩 생겨날 때마다
별들은 지워진다고 하는데
태어날 수 없는 사람들은 이파리처럼 무성합니다.
낯빛들이 흔들리는 숲 속,
나의 별자리는 어둠 속에 나를 벗어놓고
길을 잃습니다.

노르웨이의 숲

 새벽 두 시까지 대화를 했고, 자러 갈 시간이야 별수 없이 욕조로 기어들어가 잠이 드는데*, 저 숲은 나무들을 건너고, 새들은 눈보라 속으로 사라지고, 엄마, 엄마의 엄마로 거슬러 가는 길이야, 아득하게 먼 숲을 걸어, 긴긴 잠, 물 위에 뜬 채 가만 누워 있고, 엄마가 엄마를 보내는 동안 무덤은 많아지고 은빛으로 지붕은 들썩이겠지.

 등으로 서로를 껴안는다. 미끄러지기 쉬운 포옹, 서로를 내주는 희미한 풍경이 거울 밖으로 번져 나오고, 눈가에 차오르는 강수, 물속을 뚫는 나무들, 하늘에서 내려앉는 물고기, 서녘 하늘을 벗기는 별자리 없는 구름, 강과 바다 사이 몸을 빠져나온 잔상이 강으로. 빈 곳이 너무 많다, 꽃그늘이 시든다. 뼈만 남은 그늘, 할머니와 엄마의 알몸을 덮는다. 별들은 언 몸을 녹이려 우리 지붕까지 닿는다. 강으로 돌아가려는 파닥거림을 씻어낸다. 할머니가 어둡도록 가만히 눕혀놓는다.

 글썽이는 숲의 눈동자로, 그림자가 휘청거리는 물의 틈으로, 눈동자들이 떨어진 숲에서 맨발로 나는 서서, 서걱서걱, 눈

꽃은 침묵 속에 나부낀다. 잠을 자면서 겨울을 넘긴다. 잠속에 눈이 들어간다. 짙어지는 푸른 눈동자, 이끼들이 걸어 나오고.

* 비틀스 노래 〈노르웨이의 숲〉 변용.

귀이개처럼 오는 저녁

 검은 숲에서 양손으로 두 귀를 막고 서 있으면 어둠은 숲을 닫지 할미에게 귀를 내어주는 밤 홍등이 내게 걸어오고 할미야 할머니야 내 숟가락 어디 있어 숟가락은 말라붙은 밥알에서 떼어지지 않는데 별들이 어둠을 깎는 휘파람 소리, 짐승의 눈빛으로 감기는 어둠이 있어, 달빛이 가늘어지는 미열은 내내 짙어지지 않고, 할머니 귓속을 파고 싶고 들여다보고 싶다 나의 뒷면을 길어 올리는 것은 화마, 나에게서 나를 슬쩍 밀어 넣으면 푸른 잠 건너 눈이 먼 까마귀 떼가 날아오르고, 까마귀 떼를 다 죽이고 나면 세상의 비밀을 다 알 것만 같기도 한데, 깨트릴 수 없는 저 적막들이, 나를 물고 날아올라서

 잠은 끝이 없어서, 죽은 사람의 목소리가 진짜, 진짜 들리지 않아서,

 열리지 않으려 할 때 더 흔들리려는
 검은 슬픔,
 나는 열리지 않으려고
 나를 닫는다, 떨어지는 날개들

두 눈을 가리는 겹겹의 어둠

너머,

이명으로 떠돌며 나는 나를 미뤘다.

틈새

발등에서 작은 틈이 생기는 오후
흐르지 못한 시간까지 엿듣는다.
발아래 수초들은 빛나고
물속의 틈은 새들을 밀고
사이는 틈을 닫는다.

틈을 비집고 오는 빛
그 안을 열면
행간이 넘어지고
비스듬해지는 교각 아래의 틈

마음이 들어갈 수 없는 곳은
햇빛의 빈 곳
틈을 불면 날아가는 빛은
새들이 공중을 깁는 높이.
벽을 타고 오르는 투명은
새들이 부딪혀 내리는 벽.
틈이 쏟아진다.

틈은 새를 눕히고
먼 곳의 깊이와 넓이를 끌어당긴다.

남자가 대교 아래로 던져진다.
물속에서
오래도록 틈이 지워지는 것을 보았다.
틈을 부수며 틈을 만들며
내 안을 비집고 오는 다른 틈
새를 열고 가는 빛들이
틈 속에 있는 나를 내려 본다.

쓸려가는 틈의 시간.
달아나는 새들의 공간.

옷의 나라

 침묵이 남아있는 여름밤, 마음은 추워졌다. 마음이 들어오면 무엇이든 생각해야 했다. 저 옷은 내가 버린 팔이야. 팔을 붙들었던 너의 팔이야 나는 그걸 분명 입고 있었다.

 친구와 싸운 날 책상 아래 기어들어가 웅크리고 있는데 꿰맨 옆구리가 튀어나왔다.
 잘산다는 게 뭐야 엄마는 잘 모르겠거든
 살면 살아지는 것,
 풀수록 얽히는 전구 같은 것,
 엄마의 가랑이 사이를 눈을 뜨고 자는 것,

 가난해서 죽은 사람들은 손가락이 여섯 개일 거야, 네가 죽어버렸으면 좋겠거든 중얼거리다 나는 여섯 번째 손가락을 접었다 폈다. 옷 속에 들어갈 수 없는 사람과 들어간 사람들이 나누어졌다. 구겨진 옷 속에 다리는 잘 들어갔다. 가지처럼 길어진 나의 팔은 쑥쑥 자라 입을 수 없는 옷들이 수북이 쌓였다. 북쪽에는 무덤이 많아 두려운 것처럼 가난은 그런 거라고 나의 여섯 손가락을 깨물던 그 밤마다 어머니와 옷가지를 주우

러 다녔다. 가끔 길고양이가 가져다 놓은 생선 대가리를 빙빙 돌리면서 여기는 옷의 나라야 외투는 오래된 슬픔의 살갗. 까끌까끌한 장롱이 참 깨끗하던데요. 깨진 어항을 입어도 될까. 버려진 가방에 숨어버릴까. 엄마와 나는 밤새 하늘을 날았다.

조원효

―

사과를 한 움큼 쥔 인디언

원효대교

앙코르

일몰의 농담

우아한

조원효 2017년 《현대시》로 등단.

사과를 한 움큼 쥔 인디언

인디언들은 꿈에서 죄를 지으면

다음날 그 사람에게 가서
사과를 한다

그들은 어떤 표정으로 모일 것인가

자기가 꿈에서 죽인 시체에 대해
어떤 감정을 가지는가
표정의 표정을 어디로 대입할 것인가

감정들이 분산되어 빗방울처럼 떨어질 때
누구와 눈꺼풀을 포갤 것인가

이곳의 꼰대는 누구인가
의문을 가지고 적어도 잠자리에서
배고파한다

흥성과도 같은 소리를 낸 자에게 벌을 주기도
하는 것인가
악몽을 겪은 후 아내의 손톱을 물어뜯는 것은
오래된 착취와 향수인가

가끔씩 사과를 제때 못하고 뺨을 맞는 이들도 있었다

부족 간의 전쟁이 일어나면 아이들은
부뚜막에 쭈그려 앉아 야한 얘기를 하는가
신생아가 태어날 때 조상들에게 절을 올리며
부모들의 무릎을 탓하진 않았는가
마을에 단 한 번 축제를 열자 포도주에 독을 탔을지
강한 의구심을 품었는가

아무쪼록 생생하게 비치니까
그들은 자꾸만 바다로 바다로 흘러갔다

원효대교

가려워도 긁지 못한 밤
엄마가 손을 때리고 아빠가 윽박을 지르고

화장실에 들어가 오줌을 눌 때만 몰래 긁어야 했습니다
허벅지와 종아리 사이를
손발이 없어지도록 후회하지 않을 정도로 박박

아토피에서 유토피아로
아토피에서 디스토피아로

애초에 대한약사협회에서 사용을 권장한 연고는 아무짝에도 쓸모가 없고 나는 건포도처럼 쭈글쭈글해졌다 피부가 거칠다는 이유만으로 어울리지 못했으니까

전기장판에 누워 살이 다 벗겨질 정도로 긁은 적이 있습니다 허물을 벗는 듯해서 이대로 새로 태어날 수도 있겠구나,

혈흔이 한강을 적시며 멈출 줄 모르고

디스토피아에서 아토피로
유토피아에서 아토피로

새는 날면서도 날개를 긁던데 멋진 말이지?

피는 비상구가 없습니다

앙코르

아버지는 붉은 광장을 맴돌았다 횃불을 삼키고 폐 한쪽을 태워버렸다 저글링은 슬픈 육체 같았다 그리고 관객석에 앉은 소년

불 속에서 당신은 걸었다고

조용히 말해주었다 새장 속엔 작은 앵무새가 있고, 검고 빛나는 문장만을 읽는다 우리 집으로 돌아가요 소년이 말하자

앵무새는 말라죽는다, 그런 문장은 없다

흰 눈이 발목까지 쌓여간다 죽은 것을 되돌릴 수 있어요 소년은 주머니에서 총을 꺼냈다 광장 한가운데로 총구를 겨누다가

아버지를 향해 발포했다고,

공원에 앉아 그렇게 썼다 담장 아래서 그 소년과 악수를 했

던 것 같다 각자의 생활을 묻고 각자의 고향에 대해 답했다 죽음의 흐름을 읽지 않았다

폭설에 대피할 곳을 물었는데

첫 눈은 아직 내리지 않았다

일몰의 농담

석양이 지는 쪽으로 귀를 오므렸지요
냄새가 터지고
당신의 등, 아름다운 검버섯
바닷물이 저녁을 쓰다듬지요
우리가 우리입니까 라는 질문은 썩어버렸는데

침대는 말합니다
거기, 커튼 좀 쳐
땀으로 버무려진 침대가
우릴 보더니 우리라고 말합니다
연어 냄새가 솔솔 풍기는 부엌
이곳에서
일어로 장례를 발음해주세요
불어로 죽음을 음미해주세요

우리가 고개를 파묻은 식탁
하얀 도마 위로 미역 줄기가 흐르죠
봤죠 집의 사물들이 말없이 미끄러지는 걸

우린 왜 도마 위에 머리를 빻고 있죠
석양은 진다 귀가 접힌다
이런 패턴으로

창문을 열면
비둘기 떼가 달려듭니다
피가 잔뜩 튄
도마에 눕습니다
그리곤 우리의 얼굴을 보며 말합니다
당신들 예뻐요
당신, 당신 도마 위에서
예쁘게 미끄러진다
쉿, 말하고, 죽어요
우리가 창문에 비춰도 우리입니까

붉은 해가 연인의 목을 스르르 조이고 있습니다

우아한

집에 언제부터 이렇게 깊은 부엌이 있었을까

너는 묻는다 품위 있게 슬프다는 것은 뭘까 문이 반쯤 열린다 젖꼭지가 삐거덕거린다 난간 아래로 파리가 지나간다 계단 밑에 거위를 키웠어 알이 많아서 쩔쩔맸지 너는 부엌이 잠을 자기에 알맞은 곳이라고 한다 거위가 싱크대 속으로 빨려 들어간다 너는 그 사실을 모른다 너는 졸린 얼굴로 잠옷을 입는다 바람이 불고, 집 안을 휘감는 가시덩굴, 너는 계단을 오르다 가시에 베인다 너는 피가 나도 붉은 마음을 알 수 없다, 라고 썼다 지운다 젖꼭지 위로 고함이 흐른다 거위가 하수구 끝까지 쓸려간다 맑은 눈 거위야, 오늘 밤은 너를 지킬 수가 없구나 대신 잠옷을 입으렴 너는 빈 식탁 위로 잠옷을 던진다 눈동자에 붉은 가시가 피어오른다

                      초대한 손님이 오는 걸까

                      네가 문을 열자
                      깊은 부엌이 무너지고 있다

한정연

가족의 탄생

꿈에

바퀴

구멍

올 오버 페인팅

한정연　2017년 《현대시학》에 「늪에 빠진 개」 외 4편의 시로 등단.

가족의 탄생

　너는 아빠 나는 엄마 모래로 쌀밥을 지어야지 벽돌을 갈아 빨간 국을 끓이자 반찬은 꽃잎을 찢어 아기가 운다 자장가를 불러라 아기가 운다 배가 고파 그런다 아빠는 넥타이를 매고 엄마도 즐겁게 분주한 이건 가짜니까 노래처럼 아기가 운다

　생활고를 이유로 세 아이를 아파트 옥상 아래 밀어버린 엄마는 소꿉놀이 중이다 엄마를 목 조른 아빠가 자해를 한다 비명횡사를 목격하고도 비명을 듣지 못하는 이웃들은 소꿉놀이 중이다 막내가 살아났다 비극적인 장면 속을 절뚝이며 걸어 나온다 다시 열릴 것 같지 않은 문을 열고 그 안에서 막내는 무럭무럭 부풀어 오를 것이다 죽어도 숨이 멎지 않고 먹어도 배부르지 않은 이건 소꿉놀이니까 막내는 울 필요가 없다

　놀이는 끝날 줄을 모른다 별이 초롱초롱한 공원에서 위험한 아이들이 깔깔거린다 뭐라고 훈계하며 지나가는 노인에게 한 아이가 달려간다 야구방망이를 휘두른다 퍽, 퍽, 피는 튀지 않을 것이다 아, 새로운 가족이 탄생했음을 아무도 알아채지 못했다 날이 저물었으니 내일은 내일의 놀이로 시작하자 몰입은

위험할 수 있다 냉정을 잃지 않아야 한다 허구에 속지 않듯 진실에도 속지 않아야 한다

꿈에*

 그는 늘 꿈속에서 다른 무엇이 되기를 강요받는다 너무 늙어버렸거나 아이였거나 사람이 아닌 때도 있었다 이번에 그는 뭉툭한 무엇이 되었다 소리 나는 쪽으로 고개를 돌리려 해도 그럴 수 없는, 팔과 다리, 손가락의 관절, 눈썹 같은 정교함이 사라졌다 이동을 위해서는 온몸을 써서 굴러야 했으므로 땀이 흥건했다 통증 또한 미분화된 것이어서 후각과 촉각, 청각의 감각들이 뭉쳐진 덩어리와 같았다 잠에서 깨어나면 참을 수 없는 피로감이 몰려온다 딱딱한 침대에 사지가 묶인 듯 가쁜 숨을 몰아 쉴 뿐이다 나는 결국 살아난 것인가 그의 꿈은 자주 통과의례의 형식을 띠었다 사람들에게 둘러싸인 채 불타고 있는 둥근 원을 맨몸으로 빠져나가는 장면 같은, 꿈속에서 내내 공포감에 시달리고서야 온전한 그로 돌아올 수 있었다 어떻게든 살 것이다 일종의 시련을 통과하는 셈이니 영웅이 되어가는 것 아니겠나 우쭐한 기분마저 드는 것이다 서류를 챙기고 오늘 해결해야 할 목록을 떠올리면 씩씩하게 집을 나설 수 있다 내가 보살펴야 할 과업이 있기 때문이다 엘리베이터를 기다리며 그는 여전히 열정적이고 감동적인 하루를 상상한다 그럼에도 어쩔 수 없이 의문이 드는 건 왜 하필 나인가 이다 저들의 밤은 어떤가 그들도 다른 무엇이 되는가 휴식도 없이 대체 오늘의 용무가 무엇인지 알기나 하는가 그는 보이지 않는 거래와 어떤 불공정한 섭리에 점점 분노가 치민다 왜 이러는 거냐고 어째서 나한테 무슨 문제냐고 고래고래 고함을 지르다 문득 그의 목소리가 전혀 들리지 않고 있음을 깨닫는다 마침 도착한 엘리베이터 문이 열리고 농담처럼 바닥이 없다 뚫린 바닥이 웃는다 사방이 텅 비어 간다

* 카프카의 「잠에」 변용.

바퀴

아이의 손에 들린 자동차는 만능이다
그것은 막힘없이 질주한다
길도 없이 방향도 없이 바퀴 자국도 없이
엔진을 돌릴 연료도 필요없다
중력을 거스르고 달렸으므로
아이는 허공을 지배하는 거인이었다

엄마는 흐뭇하게 아이를 지켜본다
사내아이답다고 안심한다
아이의 손에 들린 자동차는
수십 바퀴째 같은 트랙을 돌고 있다
아이가 처음 바퀴를 발견한 것은 언제였을까
과열된 엔진이 터진 후에도
주행을 멈추지 않는 레이싱 카처럼
전복된 채 맹렬히 회전하는 바퀴를 본다

아이는 언제나 바퀴를 돌렸다
둥근 것은 모두 바퀴가 되었다

바퀴가 도는 모양을 넋을 놓고 바라보다가
멈추면 다시 돌렸다
그때마다 아이의 눈이 반짝인다
고 엄마는 생각한다
살짝 웃고 있는 것도 같다고
아이의 그런 몰입이
훗날 자랑이 될 지도 모른다고

둥글게 회전하는 것 제 안에서 거대해지고 폭발하는 것 끝내는 순백으로 영원한 것 그 안에서 고요한 것 무엇보다 견고한 것

언제부터였을까, 아이의 유예된 시간을
엄마는 알 수 없다

창문이 붉게 물들고 있다
사이렌 소리가 희미하게 들린다
고 엄마는 생각한다

현관문은 굳게 닫혀 있다
엘리베이터가 위에서 아래로 아래에서 위로
누군가를 어딘가에 옮겨 놓을 것이었다

창가에 둔 화분 하나가 떨어졌다

구멍

 총을 맞았다 잠깐의 멍함과 정지를 지나 뜨거움이 번진다 예리하고 묵직한 것이 살갗을 찢으며 파고든다 너덜너덜한 기분을 지나 결국 뻥 뚫려버렸다

 구멍을 본다 손바닥으로 가릴 수 없는 명백함을 본다 구멍으로 무언가 흘러내리고 있다 배설과는 다르다 외기와 내부가 반응하면서 뒤틀리는 몸뚱이 입안에서 쇠맛이 난다 매캐한 냄새가 스친다 이 상황은 되돌릴 수 없을 것 같다

 목격자의 등장은 중요하지 않다 누가 방아쇠를 당겼는지 명예로운 이유였는지 나에게 공정했는지 전부를 증언해 준다 해도 뚫린 구멍을 어쩌진 못할 테니까 아, 하찮은 구멍일 수 있다 이렇게 살아 있으니

 한 개의 구멍일 수도 있고 여러 개의 구멍일 수도 있다 수십, 수백 개도 가능할지 모른다 셀 수 없는 구멍들을 내보이며 불사의 몸으로 거리를 활보하는 자가 있다는 소문을 듣기는 했다 사람들은 그에게 신의 존재를 물었다 흐린 달이 하늘의 구

멍처럼 보이는 밤이다

두꺼운 먼지 덩어리 대기가 천천히 구멍을 지우고 있다 갑자기 멸망한 지구에 홀로 남아 쓰레기블록을 치우던 청소로봇이 생각나는 건 왜일까 로봇은 등에 붙은 스톱 버튼을 제발 눌러달라고, 이 고독한 노동을 끝내게 해달라고 말할 수 없었다 자동화 메카니즘이 새로운 신의 이름이었다

날씨가 고약하군 그자는 죽었어 정작 본인은 믿지 않는 눈치더군 입안을 헹굴 뭔가가 필요해 위스키소다 한 잔 어떤가 시시한 하루야 헌데 이 도시는 우리에게 신경조차 쓰지 않는군…

살인자들이 하드보일드 스타일로 짧은 대화를 나눈다 실제로는 목소리만 들리고 사라지는 검은 그림자를 언뜻 보았을 뿐이다

올 오버 페인팅

 불운한 화가는 몇 시간이고 그것을 바라봅니다 빛이 지나가고 그림자가 다르게 드리워도 그것은 움직이지 않으므로 흡족합니다 화가는 보이지 않는 것을 보고 싶어합니다 그의 태도는 너무도 진지하여 애처로울 지경입니다 캔버스에는 뒤틀린 식탁 위에 돌덩이처럼 단단해져버린 그것이 쏟아질 듯 놓여있습니다. 그것의 본질을 천착한 결과물입니다 불운한 화가는 그것을 해방시키고 그것 속에 갇히고 말았습니다

 보는 것을 믿는다고 하지만 믿는 것을 본다고 하는 편이 옳겠습니다 믿지 못할 것에 주의하기보다는 보인다고 믿는 것이 수월합니다 수많은 착시가 눈을 감게 하는군요 그것의 단면에 집중한다면 조각조각 쪼개진 그것은 어떻습니까 화가가 그려야 할 내부는 여전합니까 뿌려진 공중, 깊어진 공간, 다양한 층위의 그것이 자꾸만 태어납니다 또 다른 그것들과 뭉치고 번집니다 상 하 좌 우 위아래 구별이 없는 우주 가득 펼쳐진 존재가 됩니다

 주머니에서 사과를 꺼냅니다

사과를 손안에 가득 쥐어봅니다 손목을 돌려 요리조리 살핍니다 매끄러운 표면을 엄지로 문지르며 이것은 사과입니까 사과의 얼굴을 와삭 깨뭅니다 찡그린 사과 맛이 납니까 사과가 모르는 사과 맛을 처음 기록한 자는 누구입니까 달콤한 과육에 이를 박은 채 징그러운 벌레가 숨어있을 거라는 혀의 공포에 주목합니다 사과가 떨어집니다 놓친 사과에서 앗!

화풍이 탄생하는 순간입니다.

평론

한국시의 새롭고 다양한 가능성

이성혁

문학평론가

　이 책은 2019년 〈경기문화재단〉 유망·우수작가로 선정된 스무 분의 시 100편을 한 자리에 모은 시집이다. 어떤 주제나 세대로 묶은 선집이 아니기 때문에, 이 책에서 독자는 다양한 경향의 시를 읽을 수 있을 것이다. 다소 산만하다는 느낌을 준다는 단점은 있지만 한국의 시인들이 현재 어떠한 시를 쓰고 있는지 한 번에 읽을 수 있다는 장점은 있다. 이 시집은 한국시의 현재 경향에 대한 축도를 보여주고 있다고 할 수 있다. 한편으로, 한두 가지 주제로 묶어 말하기 힘들 정도의 다양한 경향의 시를 읽으면서 시인 나름대로의 미학과 시학을 구축해나가는 흐름이 이제 한국시에 정착이 되었다는 느낌을 받았다. 기성의 시학이나 미학을 바탕으로 시를 써나가는 것이 아니라 자신의 미학적 방법을 가지고 시를 써나간다는 느낌.

이 글에서 각기 다른 시 경향을 보여주고 있는 스무 분의 시편들을 자세히 읽을 수는 없겠다. 시집에 실린 차례대로, 한 분 한 분의 시편들에서 눈에 띈 인상적인 구절들에 대해 간단히 언급하면서 글쓰기를 진행할 생각이다. 이 글이 인상비평에 불과할 수 있겠지만, 한 사람의 독자-비평가가 여기 실린 시편들을 어떻게 읽었는지 기록한다는 의미는 있지 않을까 한다.

강순 시인. 첫머리에 실린 시에서 "고독은 대체로 네모다/표지에 선도 악도 없다/가장 치열한 형태다"(「고독의 모양」)라는 구절이 눈에 들어온다. 네모난 책상 앞에서 네모난 시집을 읽을 때 고독을 '치열'하게 느끼기 때문일까. 시에 따르면 그 고독은 "책상 앞에 앉아/지친 당신이 종일/별을" 셀 때 드러난다는 것. '성실한 직장인'인 당신은 집에 돌아와 지친 몸으로 홀로 책상에 앉아 별을 바라본다. 별이 되고 싶기 때문이다. 책상 앞에서는 내밀한 욕망이 되살아나며 고독이 가시화된다. 강순 시인은 눈에 보이지 않는 정서나 마음의 상태를 형태화하는 시인 같다. "하얗고 둥글고 검고 뾰족하고//붉고 부드럽고 푸르고 거친 바닥과 발자국"(「Maze runner: Love」)은 "길을 잃은 지점"인 "동굴 속"의 바닥 모양으로, 그것은 바로 사랑에 빠졌을 때 마음의 미로다. 「운명의 변증법적 해석」도 흥미롭게 읽힌다. 이 시는 거미가 거미줄을 치는 일을 허공에 집을 짓는 일로 비유한다. 허공에 집을 짓는다는 일이 가능한가? 그런데 거미는 정말 허공에 집을 짓고 있는 것이다. 시적 발견이다. 시인은 이 발견으로부터 "단단한 허공에 쌓아 올린 시간"과 "평생을 건 사투死鬪"인 "허공에서 허공을 버리는 일"을 읽어낸다. 그리고 그 거미의 '운명'이 시인 자신의 운명임을 깨닫는다. 사실, 시를 쓰는 일이란 바로 거미처럼 허공에 집을 짓는 일 아니겠는가. 그렇다면 이 시 역시 시를 구성하는 작업을 거미줄의 모습으로 형태화하고 있다고 하겠다.

'허공'은 시인들이 즐겨 찾는 모티브인 듯하다. **김석영** 시인의 인상적인 제목의 시, 「밤이 우리를 밟고 지나가도록」의 "허공의 목덜미를 어루만진다"는 구절에서도 우리는 허공을 만날 수 있다. '허공의 목덜미'라는 표현이 의미심장하다. 또한 "계단 끝엔 우르르 몰려가는/새의 머리들"이라는 구절은 '허공의 목덜미'라는 구절과 어울려 섬뜩한 느낌을 준다. 그 새의 머리들이 목이 잘려나간 머리들의 이미지로 현상 되기 때문이다. 김석영의 시에서 돋보이는 점은 이미지들의 신선한 결합이다. "지퍼가 고장난 물주머니처럼//구름이 홀랑 젖는다"(「우산을 펼치려다 말고」)와 같은 구절도 신선하고 선명하다. 하지만 이 이미지는 축축하고 우울한 정서와 결합된다. "바닥은 항상 젖어 있"는 '지하'에 살고 있는 이 시의 화자는, "퀴퀴한 하수구" "냄새는 내게 달라붙어 떨어지지 않는다"고, 그리고 "늘 무거웠던 두 발"로 길을 걷고 있다고 말한다. 시인은 자신의 정체성을 하수구와 통해 있는 지하생활자로 규정하고 있는 것, 하지만 무력감이나 허무감에 빠지진 않는다. "이렇게 비가 왕창 쏟아지는 날에는" "지붕 밑에 모"이는 "나무와 고양이와 새들"(「짧은 여름」)이 있는 것이다. 떠돌아다니거나 한곳에 붙박여 살아야 하는 존재자들은 비가 내리는 날에는 지붕 밑에서 만난다.(이들 속에는 시인 역시 포함될 수 있다.) 이 시에서 "누구든지 필요할 때 지붕을 꺼내 들 수 있"으면 좋겠다는 화자의 바람은, "모든 것들이 한 움큼 국자 속에서 찰랑"이는 시간에 대한 희구와 연결되고 있다.

김선향은 사회적인 문제를 여성의 입장에서 정면으로 시화(詩化)하는 시인이다. 「폐업신고 하던 날」은 자신의 사업을 폐업한 사실과 "하노이에서 온 도티화이네 쌀국수집"이 "한중일 안마소로" 바뀐 사실을 겹쳐놓는다. 이주노동자들이 "비가 내려 공치는 날이면" 모여서 "향수를 달래던" 식당 대신에 성이 상품화되고 있는 안마소가 들어선 것. 안식처를 잃은 이주노동자와 '무실적'으로 폐업해야 했던 시인 자신과의 오버랩이 둘 간의 연대를 위한 정서적 바탕을 마련한다. "토란잎 같은 그 미소를 떠올리자/나는 그 큰 잎에 구르는 빗방울이 된다"는 시의 마지막 부분은 시인의 연대감을 상징적으로 보여준다. 김선향 시인의 다른 시 역시 사회적 문제를 다루고 있다. 원치 않는 임신을 한 여성을 조명하는 「가을날」이나 여성

화장실에 '몰카'를 설치하는 세태를 그린 「구멍들」은 한국에서 여성으로 산다는 것의 현주소를 비판적으로 그려낸다. 「나는 다 봤습니다」는 2009년 용산참사에 대한 시다. "나는 전부, 다, 봤습니다"라는 표현은 무엇을 의미하는 것일까? "경찰특공대가 무슨 짓을 하는지를" 어떻게 봤다는 것일까? 이 구절은 국가 폭력의 비밀은 완전히 감추어질 수 없으며, 시인이란 보이지 않는 폭력을 가시화하는 사람임을 전달하고 있는 듯하다. 「계수나무 남자」는 위에서 언급한 시들과는 성격을 달리하는 시인데, 조용한 어조로 사랑의 격렬성을 서정적으로 표현하고 있어서 인상적이다. 특히 "우리는 재도 남기지 않고/끝까지 완벽하게 타올라"라는 구절이 강렬했다.

김신영 시인의 시는 기억과 시간의식을 독서에 빗대어 표현하고 있다. 시인은 "칩거 중이던 책을 펼쳐 들어/인생의 아득한 순간을, 찬란했던 순수를 가늠한다"(「신념에 부는 연풍」)고 말한다. 책은 기억이 적혀 있는 시인의 또 다른 자아다. 그 '책-기억으로서의 자아'는 칩거 중이었다. 이 '책-자아'를 펼쳐서 읽기가 김신영의 시를 형성한다. 시인의 기억에 기록된 아득하고 찬란했던 삶의 순간들을 읽어나가면서 "절망의 페이지가 노래하고 말소된 영혼이 춤"추는 움직임을 시인의 시는 기록하는 것이다.(「그, 마음의 골목」에서는 골목길이 책과 같이 시인의 기억이 적혀 있는 장소로 등장한다.) 이러한 읽기는 험난한 상황에서도 삶에 대한 꿋꿋한 자존심을 지키며 산다는 '신념'을 바탕으로 하고 있다. "거친 바람을 맞으며 이불을 당겨 덮고/이를 악물고 그렇게 석 달 열흘을 웃을 수 있다"(같은 시)는 꿋꿋함. 「매운 시간을 흘리고」에서도 시인은 "가난한 목숨의 수모를 견디면서" "어떤 상황에도 기품을 잃지 않으리"라고 다짐하고 있는 것이다. 「백골이 진토 되어」는 그러한 수모가 어떠한 것인지 구체적으로 보여준다. "달세를 물어다가 이 궁전에 모두 다 바쳤고/이자가 나를 물어다가 은행에 제물로 바쳤어"라는 구절에서 볼 수 있듯이 말이다. "이제는 빚이 한가운데에 여울져 흐르"고 있는 것, 그러나 시인은 이에 굴하지 않고 "그러니까 혼신을 다해/순하고 따뜻한 저녁을, 극진한 만찬을/힘껏 밀어내야" 한다고 마음먹는 자세가 사뭇 감동적이다.

김이듬 시인의 몽환적인 시는 다면적이고 복합적으로 구성되어 있다. 한 편의 시를 분석하는 일도 만만치 않을 듯하여, 여기선 내게 강한 인상을 준 구절들을 뽑아내어 언급하는데 만족하고자 한다. 「시월에서 구월까지」의 "내 꿈은 모두 역광이어서 세상의 모든 사물들이 담담하면서도 어둡게 보였다."라는 후반부 구절이 인상적이다. 이 구절이 김이듬 시인의 상상력의 비밀을 보여주는 것 아닐까 생각되기도 한다. 김이듬 시의 이미지들은 "일찍 사라져버린 문양들 속에서 나오지 않"(같은 시)는 것 같다. 시인은 모든 존재들로부터 "지워질 운명"(「내 방은 북쪽 숲가에 있고 매일 비처럼 소독약이 내려요」)을 읽고 있는 것인지 모른다. 하여, 시인의 시는 지워진 이미지들의 흔적으로 이루어지는 것 아닐까. 그래서 "제초제, 소독약, 살충제가" 흩어져 내리며 "날마다 침묵이 있"(같은 시)을 뿐인 이 세상에서 '나'란 지워질 운명을 감당하고자 하는 존재이다. "나는 분해될 난해한 책", "당장 신이 읽기에도 난처"한 책인 것이다. 그래서 지워지는 이미지들로 노래하는 시인의 노래는 "어디까지나 모자란 울음"이고 "빈약한 불빛"이라는 "평판을 받"(「간헐적인 여름의 노래」)는다. 그러나 시인은 "아무리 캄캄해도 울면서 노래"하는데, "멈추는 날엔 내 심장도 꺼"(같은 시)지기 때문이다. 비록 그 노래는 "아무에게도 헌정하지 않는 노래"이지만, 시인은 "서로를 돌보지만 바치지는 않는 삶"(「환희의 노래」)을 가져올 수 있을지 모른다고 희망한다.

박한 시인의 시는 생활 속에서 빚어진다. 그는 주로 시인 자신의 생활에서 시의 소재를 찾아내고 있는데, 가령 「깡통은 자동차가 되는 꿈을 꾸지」는 "검정 봉투에 깡통을 주워담는 노인"을 관찰하고 있다. 이 시 역시 시인의 일상에서 볼 수 있는 극빈자 노인을 시의 소재로 삼고 있는 것이다. 그런데 "젊은이들이야 쉽게 구겨지지 않아서/버려진 것들이 궁금하지 않겠지"라는 노인의 독백은 시인이 관찰 대상의 내면까지 육박해 들어가려고 한다는 것을 보여준다. 시인 자신의 생활과 상념을 말해주는 다른 시들은 이미지를 모던하게 구사하면서도 솔직하고 담백하며 신선한 느낌을 준다는 특징이 있다. 옥상에서 바라본 어두워지는 하늘에서 "하얀 발들이/파도를 신었다 벗으며/건너오는 바다"(「폭죽」)와 같은 이미지를 끌어내는 상상력은 썩 참신하다. 이를 보면 박한 시인이 '지용신인문학상'을 받은 것이 이해가 된다. "창문 너머 놀이터는/누가 밀어주지 않아도/홀로 우주를 돌고/나는 미끄럼틀처럼/기울어진 지축에/빨래를 넌다"(「빨래를 너는 행성」)는 구절도 발랄하다. 우주적 비전을 빨래 너는 일상 행위와 결합시키는 시법은 유머러스하고 흥미롭다. 「뒷담화의 기한」은 "서른이 넘도록 취직을 하지 못한 나"와 부인이 싸우는 장면을 보여주는 바, "뒷담화에도 기한이 있어/결국 다정해질 얼굴"이라는 구절은 미소를 자아낸다. 최근 한국시의 상상력이 일상으로 귀환하는 모습을 간헐적으로 볼 수 있는데, 박한의 시도 그러한 귀환을 보여주고 있는 좋은 예라고 하겠다.

송종관 시인은 문명비판적인 시를 보여준다. 「유월에 애니메이션」은 도시 풍경을 그려내고 있는데, 가령 "현란한 꽃잎 간판들로 빼꼭"한 골목이 "버려진 잎들을 잔뜩 싣고/무너진 빵 언덕을 간신히 오"르는 "폐지 줍던 노인"과 대조되고 있다. "헌 비둘기가 되어 광장에 갇힌" "숙취에 혼미한 새들"이라는 구절은 도시인의 삶에 대한 시인의 인식을 잘 드러낸다. 「부재중, 입니다」는 현대 문명의 상징인 고층 건물을 조명한다.(거리가 수평적인 장소라면 고층 건물은 그 수직성이 도드라지는 장소다.) 이 시는 "건물의 안구는 딱딱하고 승강기는 수직 이륙"하며 "위로 올라갈수록 인화성 안개는 매캐"한 건물 속에서, "가장 작은 방에서" 살고 있는 '건물 관리인'의 '마지막 퇴근' 장면을 보여주면서 현대 문명 속에서 힘겹게 살아가고 있는 사람들의 삶을 드러내고 있다. '아버지'가 돌아가셨을 때를 회상하고 있는 「구름 제사」는 독특한 애도의 시다. 아버지의 죽음을 "빈한하되 구차하지 않은 삶을/술병처럼 뉘였다"며 간결하게 표현하고 있어서 새로웠다. 아버지의 죽음에 대해 "과장되지도 모자라지도 않게/있는 자리에서 꼭 필요한 만큼만/남겨 두고 갈 교훈 한마디 없는/담백한 결말"이라고 표현한 것도 '구차하지 않은 삶'을 살다 가신 아버지처럼 시인 역시 담백한 성품을 가졌다는 것을 짐작하게 한다. 자신의 생각을 간추려 과장없이 담백하게 전달하면서 타인의 삶을 관찰하고 그려내고 있는 것이 송종관 시의 매력이다.

윤병무 시인의 시편들은 말에 대한 반성적 의식을 보여주고 있어서 주목된다.(시가 말로 구성되는 예술이라고 할 때 말에 대한 반성적 의식은 시인에게 언제나 필요한 자질이겠다.) 「똬리」에서 화자는 "당신이 지운 길"에서 주운 "몇 마디 말을" 골짝에 던지거나 "담장 아래 슬쩍 내려놓"거나 한다. 집에도 그 말을 가져

왔는지 "방에도 말들이 어질러져 있었"던 것인데, 그 방에 놓인 말들은 "왜곡에서 피어난 곰팡이꽃"이 되어버렸다고 한다. "장롱 뒤에 검은 꽃"과 같은 그 왜곡된 말들은 "똬리를 틀고 있"는 "오래 굶은 뱀"과 같이 몰래 존재하고 있다. 시인은 그 "당신의 말들을 방생하고 싶었"지만 "되불러도 똬리는 풀리지 않았다"고 탄식한다. 말 또는 이름에 대한 시인의 예민한 의식은 「송년 세면」에서도 볼 수 있다. 세수를 하자 "낯에서 물 묻은 이름이 쏟아진다"는 구절이 타인의 존재에 대한 시인의 민감한 의식을 짐작하게 한다. 흥미로운 점은 "이름 고인 물에 얼굴이 뜬다"는 상상이다. "이름과 얼굴을 떼놓을 명운은 없다"는 것, 이는 이름은 언제나 얼굴이라는 육신과 함께 존재한다는 의미다. 시인에 따르면 "이름이 외면하는 얼굴"이더라도 바로 그 얼굴이 이름을 낳은 것이다. 그렇기에 "삼천 년을 사는 나무"로부터 "살아 있는 신화를"(「바람과 잉걸」) 들을 수 있는 것일 테다. "말에서 이야기가 태어난"(같은 시)다면, 신화 역시 말에서 태어났을 터, 그 신화가 살아 있다는 것은 신화를 낳은 말이 육신을 갖고 있기 때문이리라.

이근일 시인은 삶과 죽음, 그리고 시간의 문제를 시화(詩化)한다. "썩은 몸으로 수백 년 버티던 나무가/끝내 기우는 순간은 언제인가"(「섬」)라는 비장한 구절은 그 문제들을 응축하고 있다. 썩은 나무의 수백 년 고통스러운 삶이 기어코 죽음으로 건너가는 순간은 "얼굴이 고통에서 벗어나는 순간"이기도 할 것인데, 시인은 그 순간이 "다른 얼굴을 밝게 물들이는 순간"(같은 시)이라고 말하고 있다. 고통의 삶에서 죽음으로 막 횡단하는 찰나의 순간은 "뱀이 허물을 벗듯"이 다른 존재로 거듭나는 순간이라고도 할 것, 그렇기에 죽음은 다른 얼굴을 낳는 것이며 그 얼굴은 밝게 "빛을 머금"게 될 것이다. 시인의 순간에 대한 인식은 「빈방」에서도 볼 수 있다. "탯줄이 잘리는 순간부터 흘러든 고독"이라는 구절은, 어머니로부터 분리되어 개체로서의 삶을 살아가는 '순간'-이 순간은 기존의 삶이 죽고 새로운 삶이 탄생하는 순간이기도 하다-부터 고독이 시작됨을 말해준다. 그렇게 고독을 살아가기 시작한 사람들은 마루를 사이에 둔 빈방들처럼 존재한다. 이에 시인은 "빈방과 빈방 사이", 그리고 "오늘과 어제 사이"에 "안부가 궁금한 이가 언제든/건널 수 있게" "환한 다리가 놓"이기를 처연하게 희구한다. 그런데 존재자들 사이 '저만치'의 거리를 좁히기 위한 다리는, 시 「저만치」에 따르면, 놀랍게도 "기생하는 겨우살이와/숙주가 된 느릅나무 사이처럼" "서로를 미워하고,/또 미워"하는 일이라고 하겠다. "흔들리고 희미해져 가는 저만치를/저만치에 꼭 붙들어두"기 위해서는 말이다.

시간의 문제는 많은 시인들을 사로잡는 주제다. **이윤정** 시인의 「막판」 역시 어떤 시간의 국면을 조명하는데 그것은 바로 '막판'이다. "더 이상 물러설 곳 없는 길 끝"에 몰린 막판의 시간은 다른 시간과 차별성이 있는 것이다. "마지막까지 몰고 온 시간과 몰린 시간의 양면"이자 "꽃이 지거나 열매가 떨어질 때"인 막판은, "찢긴 상처와 쓰라린 기억을 봉합하는 것"이 가능할 수 있는 시간이다. 추락과 죽음의 시간으로 몰리지 않는다면 그러한 봉합은 이루어지지 않는다는 것. 그 봉합의 바느질이 시가 기록한 말들 아닐까. "꽃대에 감추어진 눈이" 기록한 "무심코 돌아서던 바람의 뒷모습"이 바로 시라고 할 때, 그 기록된 시에는 "묶은 시간들이 꼬리 쪽으로 빠져나간 뒤 흔적"(「꽃의 잠복」)이 남아 있을 것이라는 구절들을 보면 말이다. 그 "흔적은 맵다"고 시인은 부언한다. 그 기록된 흔적에는 "지난 계절 의혹과 혐의가 고스란히 담긴/한동안 입을 맵게 한 사건들이 들어 있"(같은 시)기 때문이다. 그 사건들이란 "찢긴 상처와 쓰라린 기억"을 흔적으로 남긴 무엇이리라. 하지만 그 매운 상처의 흔적이야말로 삶의 깊은 의미가 현현한 것이라고 말할 수 있다. 그러한 흔적이 "몸 밖으로 밀어 올리는 부력으로/가장 안쪽이 어느 생에게는 가장 바깥이 되기도 하는" "물의 탈피"와 같은 것이라면, 그 '물의 껍질-흔적'은 "늘 깊은 곳에서 생겨"(「물의 껍질」)나는 것이다. 그 '깊은 곳'이야말로 삶의 비밀스러운 본질이 거주하는 곳일 테다.

이윤정 시인의 「막판」이 시간의 어떤 지점에 대한 시적

인식을 보여주었다면, **이정원** 시인의 「와류」는 어떤 장소에 대한 시적 탐구를 보여준다. 그곳은 시의 제목에 나와 있는 바, '와류'다. 정약용의 삶에 대한 시적 의미화를 전개하고 있는 「와류」는 과거 시간의 물줄기가 '갈마들'면서 현재 시간이 와류가 되는 현상을 짚어낸다. 정약용의 유배지인 "강진에서 와류는/시간의 물목을 지키는 긴 짐승"이며, 그것은 "꿈틀거리며 더 깊고 넓은 물굽이로 나아"간다는 것, 「와류」는 역사의 의미와 현재화를 '와류'라는 시각적 이미지로 잘 드러낸 시라고 하겠다. 이 시가 보여주는 이정원 시인의 역사의식은 시간의 흐름에 대한 민감한 의식을 바탕으로 한다. 「오목한 중턱」의 "신발 속에선 자꾸 시간의 발톱이 자"란다는 구절이 그러한 의식을 보여준다. "오목한 곳에 고인 슬픔"을 먹고 자라난 '시간의 발톱'은 슬픔의 시간을 드러내고 있는 것, "긴 발톱이 칡넝쿨처럼 엉겨 진보라로 말을 걸고 말을 거두는 칡꽃의 시간"이 바로 그 자라나는 발톱으로 가시화된 슬픔의 시간이겠다. 화자는 "시간의 발톱을 깎아야" 한다고 생각했지만 "깎을 새 없이 발톱은 빠지거나 문드러"졌다고 한다. 이 구절은 「꽃 피던 공중전화」에서의 "꽃은 피고 지고 다시 피지만/곤궁마저 꽃으로 피워내던 한 시절, 싹둑 잘려져 나"간다는 구절과 공명한다. 그 두 구절은 슬픔과 곤궁을 드러냈던 기억마저도 이젠 잘려나가고 있다는 시인의 현재 시간에 대한 슬픈 진단을 보여준다.

장무령 시인의 시는 상반된 상황과 이미지가 부딪치면서 전개되고 있어서 독특하면서 강렬한 인상을 준다.「순례」에서의 '도륙(屠戮)의 축복'이라는 표현을 보라. "눈알 없는 흰자위"라든지 "짐승을 기다리는 한 덩이 살점"(「드라이플라워」)과 같은 그로테스크하고 역설적인 표현들도 과격한 느낌을 주는데, 그것은 등장하는 단어들이 잔혹성을 품고 있는 이미지들이기 때문이다. "썩는 말의 고름"이라는 표현을 보면, 그에게 시를 구성하는 말이란 죽음에 따른 분비물과 같은 것으로 이루어지는 것일지 모른다. "저 열린 저녁의 문으로 달려오는/짐승의 빛나는 이빨"과 같은 표현 역시 그가 세계의 모습으로부터 어떠한 느낌의 이미지들을 읽어내는지 알 수 있다.「나를 만지지 마라」에서의 "저기 종탑 위 양손에서/아버지의 핏덩이가 뚝뚝 떨어진다/혓바닥을 날름거리며 종탑을 핥는/화염의 문장"과 같은 구절들은 장무령 특유의 그로테스크한 이미지를 보여준다. 그에게 문장이란 화염이며, 그 화염은 "아버지의 핏덩이"다. 이는 살해당한 아버지로부터 흐르는 피로 시의 문장이 이루어진다는 의미일 수 있겠다. 그리고 그 시는 "혓바닥을 날름거리"는 화염의 모습으로 현상하는 것이다. 그에게 문장들은 죽음의 산물인 것, "불빛이 보일 때마다 전속력으로 날아"가 "전조등에 하루살이로 부딪히고 압사"(「여행을 떠나요」)한 글자들로 써진 것이기도 하다. 펼친 책을 "허연 배를 뒤집고 떠오르는 잉어"(같은 시)로 비유하는 것은 '글자-문장-시'가 죽음을 가리키고 있기 때문이리라.

　장순금 시인의 시 역시 시간에 대한 시적 사유를 보여준다. 그는 순간이라기보다는 지속에 관심을 두는 바, 그대로 계속된다는 의미에서의 지속이 아니라 '숯'처럼 "묵언의 깊은 자정에 순하게 익어가는"(「숯」) 지속의 시간이다. 천천히 오래 익어가면서 타는 시간. 그 깊은 시간은 "마음을 태우고/색을 태워/봄의 숯덩이에 그을린 피"를 "불씨로 안고 있는" 숯의 시간이다. 「옛 사원」에서도 지속의 시간이 현상되고 있다. 시인은 "벽돌색 오래된 사원"으로부터 "시간 밖으로 나오지 못한 고대의 생물로 고여 있"는 모습을 읽는 것이다. 그런데 시인은 저 사원을 보고는 "전생에 고였던 눈물이 풀"리는지 눈물을 흘린다. 왜인지 모르게 흐르는 눈물에 그는 "내 살점의 몇 조각이 거기 있었"던 것은 아닌가 생각한다. 저 이국의 오래된 사원은 "잊힌 통증의 문을 열어"주는 것, 그 문은 지금 현재의 시간이 아니라 시인도 잊고 있었던 세계로 그를 데려간다. 그래서 그 문은 "다른 세계로 통하는 문"이다. 그 다른 세계란 전생의 세계 또는 유년의 세계이리라. 한편 「숯」이나 「옛 사원」을 보면 장순금 시인의 시 쓰기는 어떤 대상에 대한 응시를 통해 촉발된다는 것을 짐작할 수 있다. 이 시집에 실린 그의 다른 시편들, "세상과 등 사이 무지개가 은신할 거라" 믿고 있는 '꼽추'가 등장하는 「등」이나 "몽골에서 너른 들판에 홀로 앉아 있는 말"이 등장하는 「말馬」도 그러한데, 이 두 시에서 시인은 응시를 통해 그 말과 '꼽추'가 가지고 있을 꿈을 상상해보고 있다.

장인수 시인은 도시인이 가질 법한 복잡한 내면성보다는 구체적인 생활-노동, 자연과 함께하는-에서 촉발된 시적 사유로부터 시를 길어 올린다. 그러나 투박하거나 하지는 않다. 「흙은 경이로운 과수원이며 강아지젖이다」에서의 한 구절, "흙의 각질을 뚫고 아지랑이 손가락이 튀어나오고"와 같은 이미지는 선명하고 세련됐다. 이러한 이미지 구사력은 상당한 습작을 통해 가질 수 있게 된 것이리라. 여하튼 시인은 이 시에서 흙에 대한 찬양을 보여주는데, 흙은 "촉감도, 향기도, 살도, 탄력도 가장 밀집되어 있는 물질"(같은 시)이라는 찬양은 시인이 흙과 직접 씨름해나가야만 하는 농업 노동을 하지 않았다면 쓸 수 없는 구절이 아닌가 한다. 그러한 흙에 대한 감각은 흙을 직접 밟으면서 만지고 주무르는 노동을 하지 않았다면 얻어질 수 없었을 것이다. 흙에서 '숭고함'을 느끼는 시인이기에, 그 흙을 밟고 있는 발이 그에게는 가장 주목되는 숭고한 신체 부위다. 「자신의 발을 사타구니보다 더 정성껏 닦아주리라」에서 시인은 부처님이 "열반에 든 후에 관 밖으로 두 맨발을 내밀었다"든지 "이역만리 걷고 또 걸어 다니"신 예수님의 맨발을 생각하고는, "신체의 가장 낮은 곳에서 온몸을 지탱"하고 있는 자신의 "낮고 낮은 발바닥을 깨끗이 씻어주리라"고 다짐한다.

"거름 중에 제일 좋은 거름은 발걸음"(「갯벌에는 땅과 하늘의 발자국이 가득하다」)이라는 표현 역시 대지와 인간을 연결해주는 발의 중요성을 부각하고 있다.

미술가이기도 한 **전수오** 시인의 시편들에서는 '손'이라는 모티브가 주목되었다. 「물의 과녁」은 느닷없이 "저수지 한가운데 올라온 손"을 중심으로 진행된다. "손은 마치 저수지 중앙에 명중한 화살 같아서/멀리서 보면/가느다란 손가락이 살깃처럼 빛에 흔들린다"라는 인상 깊은 이미지는 시인의 어떤 집요한 시선 같은 것을 느끼게 한다. 저 수수께끼 같이 등장한 손은 타자의 온기를 느끼고 싶은 저수지의 욕망과 상처-화살에 의한-를 표현한다. "몽유를 앓는 어린 아이가" 그 '차가운 손'을 잡자 그 손이 "투명하게 녹"는 것을 보면 말이다. 이렇게 차가운 손이 녹으면서 물의 상처는 아물 수 있었던 것, 저 손은 저수지 같은 시인 마음의 깊은 곳으로부터 솟아나온 욕망과 상처인 것이다. 「여름 안의 여름」에서는 "나보다 더 작은 내가/그늘보다 낮은 곳에서" 내민 손이 등장한다. 그 작은 나란 "알아볼 수 없는 얼굴이 나를 대신하는 세계"에 존재하는데, 아마도 시인의 무의식에 존재하는 어린 시절의 나 또는 "몽유를 앓는 어린 아이"를 의미할 것이다. 그 아이가 내민 손을 잡으면서 시인은 자신의 "알아볼 수 없"었던 무의식-저수지-과 '조금씩' 화해할 수 있게 될 터, 하지만 「유영遊泳」을 보면 그러한 화해가 쉽지는 않겠다. 그 화해를 위한 손은 "그늘보다 낮은 곳에서" 존재하는 것이어서, "희끗한 그림자"처럼 나타나기 때문이다. 그 그림자는 "기억 속 얼굴을 드나들다/멀리" 가버리는 것이다. 전수오 시인의 시 쓰기는 이 그림자의 손을 포착하고 붙잡는 작업일는지 모른다.

시조 시인인 **정수자** 시인의 시편들은 시조 형식의 다채로운 변형을 통해 시조가 자유시만큼 서정을 잘 표현할 수 있다는 것을 보여주고 있다. 즉 그는 시조가 시의 모더니티를 감당할 수 있는 형식임을 입증하고 있는 것이다. 「어느 기웃한 날」은 3장 6구로 이루어진 시조 두 편을 이은 연시조로, 8연으로 이루어진 한 편의 시로 구성하고 있다. 이 시는 시조 형식을 더 정갈하게 다듬고 있어서 함축미를 증폭하고 있다. 특히 "파편 깨문/기억처럼"이라는 4연의 구절은 현대적이고 함축적인 이미지를 보여준다 하겠다. "커피만/홀로 뜨겁다//그대는/더 식었다"라는 시의 마지막 부분은 모던한 유머와 아이러니를 보여주기도 한다. 「통로에서 통로 찾기」는 형식의 변형 없이 평시조 4연으로 된 시조로, 이 시조 역시 '통독'이라는 역사적 문제를 자연스럽게 시화하는 데 성공하고 있어서 전통적인 시조 형식으로도 현대의 복잡한 문제들을 다룰 수 있음을 입증한다. 「감자떡을 살까 말까」는 사설시조 형식으로 써졌다. 사설시조의 전통을 살려, 중장은 일상의 대화를 살려 사설을 늘어

놓고 있다. 정수자 시인의 시조는 자유시만이 감당할 수 있다는 시의 모더니티를 시조 형식도 감당할 수 있다는 것을 보여줄 뿐만 아니라 다양한 변형을 통해 시조 형식만이 가지는 묘미를 우리에게 선사한다. 또한 그 변형된 형식은 시조가 함축적이고 암시적인 이미지를 보여줄 수 있을 뿐만 아니라 일상의 산문적 대화를 담을 수도 있음을 증명하면서, 시조의 무궁무진한 가능성을 보여주고 있다고 하겠다.

정지윤 시인의 시는 현 한국사회에서 평범한 사람들이 처한 곤궁을 보여준다. 「패스워드」에서는 면접을 보러 가는 '나'의 모습이 조명된다. 면접 보러 가는 날은 "거울들이 나를 길쭉하게 왜곡하는 날"이다. 면접에서 '나'는 면접관이 자신을 어떻게 볼지에 따라 자기 자신을 맞추어야 한다. 그래서 예상되는 면접관의 질문은 시인 자신의 모습을 왜곡하는 거울이 되는 것이다. 하지만 화자는 면접관의 시선에 주눅들지 않으리라고 다짐하고는, 면접관의 질문을 다시 돌려주며 "암호보다 캄캄한 눈빛을 보"내려고 한다. 하지만 이렇게 자존심을 지키려고 하는 '나'는 복권 판매대 앞에서 서성거리고 "겨울 내내 잔고 조회는 끝나지 않는" 것이 현실이다. 이 시는 주체성이 왜곡되어버리는 현대 사회 시스템의 문제를 드러내고 있다. "공사판을 떠도는/공약처럼 바삐 사라"지는 '진눈깨비'(「진눈깨비」)는 현대사회에 대한 상징적 이미지다. 복권을 살 때와 같은 헛된 희망만이 노동판에 '전광판의 자막'처럼 점멸하다가 '진눈깨비' 처럼 사라지는 것이 현대사회인 것이다. 이러한 사회에서 현대인은 경쟁에 밀려 달려야 하는 '경주마'와 같은 처지에 놓인다. 경주마는 일확천금을 노리는 "꿈꾸는 자의 꿈"(「경주마」)에 따라 달려야 한다. '꿈꾸는 자'란 이 현대사회의 의인화이기도 한 것, 현대사회의 꿈에 따라 빠르게 달려야만 하는 경주마-현대인-는 결국 "한순간 발목이 주저앉아 쓰러"지고 "느릿느릿한 재활병동의 시간"을 살아가야 할 운명에 놓이게 되리라는 것이 시인의 진단이다.

정현우 시인의 시편들은 죽음의 문제에 묵직하게 천착하고 있다. 「소생의 밤」에서 시인은 어떤 이의 죽음을 맞아 "현생만이 나의 것입니까"라고 묻는다. '나의 것'에는 나의 현생만이 아니라 저승으로 간 타인 역시 있다는 의미이리라. 그것은 "슬퍼하는 동안" 죽은 자들의 소리를 듣게 되는 "투명한 귀들이자"라기 때문이다. 이 귀들을 잘라도, "살아 있는 표정으로" 죽은 자들은 악착같이 나타난다. 그리하여 죽음과 삶의 경계선은 흐려지고, 시인은 "살아 있어야 사람입니까"라는 근본적인 질문을 세상에 던지게 되는 것이다. 그럼으로써 시인은 길을 잃고는 "이파리처럼 무성한" "태어날 수 없는 사람들"의 '소생'을 감지하고 질문하는 운명, 죽은 자들의 무성한 소리들을 들어야 하는 운명에 놓인다. 그는 죽은 자들의 목소리를 듣지 않기 위해서 "열리지 않으려고/나를 닫"고는 "겹겹의 어둠"에 빠지지만, 그 "너머,//이명으로 떠돌"(『귀이개처럼 오는 저녁』)게 될 뿐이다. 즉 귀를 닫았으므로 죽은 자의 목소리를 들을 수 없게 되었지만, 귓속 침묵의 어둠 너머 어디에선가 이명이 울리기 시작하는 것, 시인은 이 소리로부터 아무리 해도 벗어날 수 없다. 그런데 죽은 자들의 목소리를 듣는다는 것, 혹은 죽은 자들의 "살아 있는 표정"을 본다는 것은 어떠한 의미를 가지고 있는가? 그것은 "등으로 서로를 껴안는" 행위인 "서로를 내주는" "미끄러지기 쉬운 포옹"(『노르웨이의 숲』)이라고 시인은 말한다. 죽은 자들에 대한 이 불가능한 포옹이 정현우 시인의 시 쓰기 아닐까 생각한다.

조원효 시인은 탈 맥락화한 이미지들의 몽타주를 통해 낯섦을 극대화하는 시편들을 보여준다. 그는 낯익은 서정시의 문법에 의도적으로 도전한다. 가령 "감정들이 분산되어 빗방울처럼 떨어질 때/누구와 눈꺼풀을 포갤 것인가"(『사과를 한 움큼 쥔 인디언』)와 같은 문장을 보자. 그의 시는 마치 꿈에서 연결되지 않는 이미지들이 결합되듯이, 서로 연관성 없는 이미지들이 결합되면서 문장을 형성하고 있다. 이는 "꿈에서 죄를 지으면//다음날 그 사람에게 가서/사과를"(같은 시) 하는 인디언의 정신을 이어받고 있는 것이기도 하다. 인디언은 꿈과 현실 사이에 경계선을 긋고 있지 않고 있는 것, 시인 역시 꿈의 작업을 시 쓰기에 도입하고 있는 것이다. 역시 꿈의 문법으로 쓴 시로 보이는 「앙코르」는, 나아가 문장을 문제화하고 있어서 주목된다. "공원에 앉아" 소년이 쓴 "아버지를 향해 발포했다고"라는 문장은, 시의 문장이 그렇듯이 다만 텍스트 속의 문장에 그치지 않을 것이다. 이 시 역시 독자에게 수수께끼를 던지고 있지만, 시인은 현실과 문장 사이의 경계선을 허물고자 시도하고 있다는 것은 분명하다. 조원효 시인이 읽고 싶어 하는 문장은 "검고 빛나는" 역설적인 문장이다. 이 역설을 텍스트에 구현하려는 시도가 그의 '시-의지'로 보인다. 위의 시들을 볼 때 조원효 시인은 다분히 초현실주의에 영향받은 것으로 보인다. 「일몰의 농담」에서도 "집의 사물들이 말없이 미끄러"진다거나 "붉은 해가 연인의 목을 스르르 조이고 있"다는 이미지들이 그러한 영향을 보여주고 있다.

마지막으로 언급할 **한정연** 시인의 시편들은 개성적인 시세계를 보여주고 있다. 「가족의 탄생」이 보여주듯이 시인의 현실에 대한 인식은 시니컬하며 그 비판은 신랄하다. 시가 보여주고 있는 아이들의 소꿉놀이는 현재의 비인간적인 사회 상황을 적나라하게 드러낸다. 아이들은 "생활고를 이유로 세 아이를 아파트 옥상 아래 밀어버린 엄마"나 "엄마를 목 조"르고 자해를 하는 아빠, 그리고 "비명횡사를 목격하고도 비명을 듣지 못하는 이웃들"을 흉내 낸다. 나아가 이러한 비참하고 비정한 상황을 흉내내던 아이들은 "훈계하며 지나가는 노인"에 야구 방망이를 휘두르기까지 한다. 비정함의 흉내가 실제의 폭력으로 전화된 것이다. 이를 시인은 시니컬하게 '새로운 가족의 탄생'이라고 지칭한다. 「꿈에」는 어떤 회사원을 보여준다. 그 회사원 앞에는 "보이지 않는 거래와 어떤 불공정한 섭리"가 놓여 있으며, "마침 도착한 엘리베이터 문이 열"렸을 때 "바닥이 없는" 심연이 그를 웃으며 기다리고 있다. 한편 「구멍」에서 시인은 "멸망한 지구에 홀로 남아 쓰레기 블록을 치우"는 청소로봇의 모습을 통해 인간의 미래를 암시한다. 그 "로봇은 등에 붙은 스톱 버튼을 제발 눌러 달라고, 이 고독한 노동을 끝내게 해달라고 말할 수 없"는데, 그것은 "자동화 메카니즘이 새로운 신의 이름이었"기 때문이다. 이 새로운 신 아래에 우리의 삶 역시 종속되고 있는 것이 현실이기에, 시인이 보여준 청소로봇의 삶을 미래의 우리는 정말로 피하지 못할지 모른다.

이상으로 2019년 〈경기문화재단〉 유망·우수작가로 선정된 시인들의 시편들을 간략히 살펴보았다. 간략히 살펴본다고 해도 꽤 많은 지면이 필요했다. 물론 이 시집을 읽는 독자들은 이 해설과는 다른 방향으로 읽으며 시편들을 즐길 수 있을 것이다. 그러나 적어도 필자와 독자들은 한 가지 점에서는 동의할 수 있을 것 같은데, 현재 한국시의 스펙트럼이 매우 다양하고 넓다는 점이다. 이러한 다양성은, 한국시의 쟁점이 될 만한 중심축이 없다는 느낌을 독자에게 줄 수도 있겠지만, 현재의 한국시가 새롭고 다양한 가능성에 문을 열어놓고 있다는 긍정적인 의미가 있다.

경기문학 32

멀리 도망칠수록 서로를 닮아가는

ⓒ 강순 외, 2019

초판 1쇄 발행 2019년 8월 30일

지은이	강순 김석영 김선향 김신영 김이듬 박한 송종관 윤병무 이근일 이윤정 이정원 장무령 장순금 장인수 전수오 정수자 정지윤 정현우 조원효 한정연
펴낸이	김태형
펴낸곳	청색종이
등록	2015년 4월 23일 제374-2015-000043호
주소	서울시 영등포구 문래동2가 14-15
전화	010-4327-3810
팩스	02-6280-5813
이메일	theotherk@gmail.com

ISBN 979-11-89176-23-5   03810

이 도서의 국립중앙도서관 출판예정도서목록(CIP)은 서지정보유통지원시스템 홈페이지 (http://seoji.nl.go.kr)와 국가자료공동목록시스템(http://www.nl.go.kr/kolisnet)에서 이용하실 수 있습니다.(CIP제어번호: CIP2019030681)

이 책은 경기문화재단, 한국문화예술위원회의 문예진흥기금을 보조받아 발간되었습니다. 저작권법에 따라 보호받는 저작물이므로 저작권자와 출판사의 허락 없이 복제하거나 다른 용도로 사용할 수 없습니다.

값 5,000원